Ueber die Entstehung

der Regel

Quicquid non agnoscit glossa, nec agnoscit forum.

Von

Dr. Ernst Landsberg.

Bonn,

bei Adolph Marcus.

1880.

Ueber die Entstehung

der Regel

Quicquid non agnoscit glossa, nec agnoscit forum.

Von

Dr. Ernst Landsberg.

Bonn,

bei Adolph Marcus.

1880.

Seinem hochverehrten Lehrer

Herrn

Geh. Justizrath Prof. Dr. von Stintzing

dankbar zugeeignet

vom Verfasser.

Die Bonner juristische Fakultät hatte als Thema der Preisschrift für das Jahr 1879 Folgendes aufgestellt:

> Disseratur de origine, usu, autoritate illius, qui vulgo per Germaniam citatur, canonis: Quod non agnoscit curia, nec agnoscit forum.

Vorliegende Arbeit, welche ich in Folge dieser öffentlichen Aufforderung einreichte, erhielt am Schluß des Sommersemesters 1879 den Preis und wurde darauf mit einigen nicht unwesentlichen Verbesserungen als Schrift zur Erlangung der Doktorwürde derselben Fakultät vorgelegt. Von dieser approbirt erschien sie zu der bald nachfolgenden Promotion im Druck, mit Form und Ausstattung einer Doktor-Dissertation.

Inzwischen war mir von competenter Seite nahegelegt worden, das Werkchen auch losgelöst von den, bei jener Art der Publikation unvermeidlichen, störenden Zuthaten, als Thesen, Lebenslauf u. s. w., im Druck erscheinen zu lassen, und so erscheint es denn jetzt in dieser Gestalt.

Was die innere Entstehungsgeschichte vorliegender Arbeit betrifft, so schulde ich für Anregung zu derselben, für Hinweisung auf die ihr zu Grunde liegenden, weiteren historischen Gedanken, für ebenso umsichtige wie eingehende Unterstützung bei den Verbesserungen, durch welche sie in ihrer jetzigen Fassung sich von dem unterscheidet, was seiner Zeit der Bonner Fakultät als Preisschrift eingereicht wurde: so schulde ich, sage ich, für all dies meinen herzlichsten und heißesten Dank demjenigen, welchem ich überhaupt für meine ganze juristische Bildung hauptsächlich verpflichtet bin, Herrn Geheimrath Professor Dr. von Stintzing. Wenn ich mir daher erlaube, seinen Namen diesen Blättern vordrucken zu lassen, so geschieht dies in doppeltem Sinne: Ich widme ihm diese Erstlingsfrucht meines Ackers nicht nur als dem Säemann, der die Körner gerade zu dieser Leistung säete; sondern auch als dem Landwirthe, der den Acker zur Aufnahme solcher Körner im allgemeinen vorbereitet und durch liebevolle Wartung in Stand gesetzt hat.

Nächst Herrn Geheimrath von Stintzing habe ich hier meinen besten Dank auszusprechen Herrn Professor Stobbe in Leipzig, der mir in liebenswürdigster Weise bei Abfassung dieser Arbeit mit Rath und That zur Seite gestanden hat.

Schließlich bitte ich den Leser, er möge sich durch Nennung jener großen Namen nicht unwillkürlich zu erdrückenden Vergleichen verlocken lassen und vorhandene Fehler und Schwächen gütigst entschuldigen.

Inhalts-Verzeichniß.

Einleitung.

§ 1.

Ueber die Bedeutung der Regel.

Der Spruch „quicquid non agnoscit glossa, nec agnoscit forum“, ist einer von denjenigen Sätzen, welche von Jedermann ohne weitere Begründung angenommen und daher nie genauer historisch begründet zu werden das Schicksal gehabt haben. Man wird schwerlich ein Pandektenlehrbuch oder irgend eine andere umfassende Arbeit auf dem Gebiet des Römischen Rechts durchlesen, ohne ihm zu begegnen; in keinem einzigen dieser Werke wird man aber auf eine genauere Untersuchung über das stoßen, was er bedeutet und woher er kommt. Dies gilt besonders in Bezug auf die letzte Frage; und doch ist es gewiß nicht uninteressant, das allmähliche Werden einer so eigenthümlichen Regel zu erforschen.

Wir wollen daher in dieser Arbeit versuchen, eine Entwickelungsgeschichte jenes Spruches, sowohl seinem Inhalt wie seiner Form nach, zu geben; und dabei glauben wir uns nicht zu irren, wenn wir dies als einen, natürlich minimen, Beitrag zur Receptionsgeschichte bezeichnen, obgleich, wie man sehen wird, wir in der historischen Darstellung bis zum 18. Jahrhundert werden gehen müssen. Denn es wird wohl richtiger sein, statt die Receptionsgeschichte des Römischen Rechts nur bis zur allgemeinen Anerkennung seiner Gültigkeit in Deutschland, also bis zum 16. Jahrhundert, auszudehnen, vielmehr die ganze deutsche Rechtsgeschichte bis zur Entstehung der Naturrechtsschule mit hinzu zu nehmen. Erst durch die zunächst vor jener Schule liegende Entwickelung und Herrschaft des sog. usus modernus Pandectarum kann der historische Akt der

Aufnahme des römischen Rechts in Deutschland als abgeschlossen betrachtet werden. —

Ehe wir uns nun aber zu der Frage nach der Entstehung unseres Spruches wenden, dürfte es doch vorher vortheilhaft sein, uns über seinen Sinn klar zu werden, soweit wir dies ohne historische Untersuchung, gestützt auf die Resultate anderer Autoren, können. Wir besitzen nämlich über die Frage, was unsere Regel eigentlich bedeute, zwei ziemlich vollständige Arbeiten, nämlich von:

1) Osenbrüggen, in Linde's Zeitschrift für Civilproprozeß, XV, 9; und

2) G. E. Heimbach in seiner Ausgabe des Authenticum, Leipzig 1846, Praelegomena, Cap. VII. de Authentici valore, pag. DCXCVIII—DCC.

Wir wollen hier, was von diesen Autoren festgestellt worden ist, kurz mittheilen. Sehen wir nämlich unsern Canon genauer an, so kann er einen doppelten Sinn haben. Er kann bedeuten 1) daß bei uns das R. R. nur in der Auslegung gelte, wie sie durch die Glosse gegeben ist; oder 2) er kann besagen, das R. R. gelte bei uns nur, so weit es glossirt ist. Diese beiden Ansichten finden sich denn auch in der Literatur. Schon im Jahre 1707 wird von Mencken (siehe pag. 85), 1708 von Olearius (siehe pag. 86), endlich 1731 von Beck (siehe pag. 86) die erstere Auffassung angenommen, allerdings so, daß sie sich des Gegensatzes derselben mit der zweiten nicht klar bewußt sind und beide vielfach durcheinander mengen. Jenen Gegensatz spricht denn zum ersten Male aus Zepernick (siehe pag. 89 ff.) und schließt sich dabei der zweiten Deutung an. Seine Gründe sind so durchschlagende, daß H. sich begnügt, sie anzuführen, um die erste Interpretation des Canon zu widerlegen. Und allerdings ist dieselbe auch absolut unhaltbar.

Erstens einmal ist historisch gar kein Beweis für die Entstehung einer solchen Regel beizubringen; denn so oft es auch heißt, non tutum esse abscedere ob opinione glossae in respondendo et iudicando, so wird doch mit dieser Phrase nie mehr bezeugt, als ein gewaltiger Respekt vor der Glosse. Daß man es aber als Rechtssatz angesehen habe, man dürfe von ihr in derartigem Sinne nicht abweichen, dafür könnte man, so weit ich es zu konstatiren im Stande war, nur Eine Stelle citiren. Es sagt nämlich C. P. Richter (Decisiones, Jenae 1663, Dec. 69 partis primae, num. 32), daß ein Richter, qui omittit communem opinionem adhaerendo opinioni singulari unius Doctoris facit litem suam. Doch ist gegen diese Worte zu bemerken, zunächst daß nur von der communis opinio die Rede ist, welche doch bisweilen von der Glosse stark abweicht, wie dies häufige Stellen in den Praktikern vom 15. Jahrh. ab beweisen, welche sagen: Hic glossa improbatur a communi Doctorum opinione. Dann aber wird gewiß Niemand behaupten, daß ein solches einzelnes Vorkommniß für eine so einschneidende Regel Beweis erbringe, um so weniger, als die Annahme nicht ausgeschlossen ist, daß wir hier eine Uebertreibung vor uns haben, wie sie die Schriftsteller jener Zeit hin und wieder zu begehen sich nicht scheuen, besonders wenn es im Interesse ihrer Klienten liegt.

Zweitens aber kann gar kein Zweifel herrschen, daß unser Canon auch heut zu Tage nicht in derjenigen Deutung gilt, welche ihm Mencken und Andere mehr beilegen wollen. Denn das wird doch von aller Welt zugegeben werden, daß unsere Romanisten nicht daran denken, sich bei ihrer Interpretation des R. R.s auf die von den Glossatoren gegebene Erklärung desselben zu beschränken; und daß eben so wenig ein Gericht darauf verfallen würde, eine Ansicht über eine gewisse Quellenstelle einfach deßhalb unberücksichtigt zu lassen, weil sie der Glosse nicht entspräche. Ja, es ist sogar allgemein anerkannt, daß nicht einmal in Bezug auf die Text-Kritik wir irgend einer Beschränkung durch die Glosse unterworfen sind; es wird von allen Herausgebern an der litera Bononiensis nach allen Seiten, wie sie es für richtig finden, geändert, ohne daß ihnen deßhalb Jemand einen Vorwurf machte. Es bleibt demnoch nur noch übrig anzunehmen, unser Spruch besage, die unglossirten Stellen seien in Deutschland ungültig, eine Interpretation, nach welcher sich denn auch eine vollständige geschichtliche Basis für unsern Satz aufstellen läßt, wie der weitere Verlauf dieser Arbeit hoffentlich zeigen wird.

Einen dritten, historischen, Grund für die so gewonnene Deutung des Canon werden wir im letzten Paragraphen dieser Darstellung nebenbei zu erwähnen Gelegenheit nehmen.

Während nun von jenen zwei oben dargestellten auch die falsche Interpretation wenigstens in etwa sich hören lassen konnte, ist noch viel absonderlicher und unbegreiflicher eine von Seidensticker versuchte Erklärung, welche unter „Glosse" nicht nur die Akkursische, sondern jede tüchtige Bearbeitung des R. R.s verstanden haben will. Diese Ansicht wird sowohl von Osenbrüggen (pag. 177, 189), wie von H. glänzend widerlegt. Es wird nachgewiesen, daß jene Meinung nur bei vollständiger Unkenntniß des historischen Zusammenhangs möglich war, indem Albericus Gentilis (siehe pag. 37 ff.) und Duck (siehe pag. 75) citirt werden. Dann wird aber auch auseinandergesetzt, welche grenzenlose Verwirrung durch unsere Regel hervorgebracht werden würde, wenn man sie in jenem Sinne verstände. Sie wäre dann ein Spruch, der immer etwas Anderes sagte, so oft es einem Romanisten beliebte, eine andere Meinung über die Autorität der Quellen aufzustellen. Recht drastisch ist das Beispiel, daß man dann auch Savigny unter die Glossatoren rechnen müßte! Ein hübsches Bild, aber eine traurige deductio ad absurdum.

So glauben wir denn, ohne uns auf weitere Untersuchungen einzulassen, gestützt auf die Autorität von Osenbrüggen und Heimbach, folgende Deutung unseres Spruches als die richtige hinstellen zu können:

> Diejenigen Texte des R. R.s, welche von der Akkursischen Glosse nicht anerkannt sind, werden auch in deutschen Gerichtshöfen nicht anerkannt.

Wenden wir uns jetzt zur historischen Untersuchung des Ursprungs dieser Regel.

§ 2.

Ueber den Ursprung unserer Regel.

Ansicht Heimbachs.

An Autoren haben wir nur hier Heimbach zu nennen, dessen ganzes schon oben citirtes Cap. 7 über die Frage nach der Entstehung unseres Spruches handelt, mit Ausnahme der im vorigen Paragraphen angeführten Stelle, welche seine Deutung erörtert; Osenbrüggen geht über jene Frage pag. 174, 175 mit einigen Worten hinweg. Ehe wir nun zur Besprechung der Arbeit Heimbachs übergehen, müssen wir einige kurze Bemerkungen allgemeiner Natur vorausschicken.

Eine Untersuchung über die Geschichte unseres Spruches kann zweierlei verschiedene Ziele erstreben, indem sie fragt

1) wann ist er in dieser sprichwortartigen Form zuerst aufgetaucht; oder

2) auf welche Weise ist sein Inhalt Rechtsregel geworden?

Von diesen beiden Fragen aber beantwortet Heimbach in befriedigender Weise nur die erstere, während manches von ihm zur Lösung der Frage 2 Beigebrachte zu bestreiten ist. Da nun außerdem die Behandlung hier darunter zu leiden hat, daß dieser Theil der Arbeit Heimbachs nur ein Incidentpunkt in einem der Hauptsache nach andersartigen großen Werk ist, er sich also auf umfassendere und mehr die innerliche Untersuchung der Sache bezweckende Studien nicht einlassen konnte, so wird nothgedrungen meine Darstellungsweise von der seinen ganz verschieden sein müssen. Ich halte es daher für besser, um später meine Auseinandersetzung nicht zu häufig an verschiedenen Orten mit Besprechung der Ansichten Heimbachs unterbrechen zu müssen, hier sofort eine kurze Darlegung seiner Resultate zugleich mit einigen kritischen, obiges Urtheil begründenden Bemerkungen zu geben.

Heimbach kommt dazu, unsern Satz anzuführen, indem er aus demselben die große Wichtigkeit des Auth. dem griechischen Novellentext gegenüber beweisen will; und bei dieser Gelegenheit geht er dann näher auf ihn ein. Was die Frage, wann der Canon die jetzt gebräuchliche Form erhalten habe, anbetrifft, so datirt er diesen Zeitpunkt von dem Erscheinen eines Werkes des S. Stryk (siehe pag. DCXCV letzter Absatz), gestützt auf eine Stelle desselben. Da nun eine frühere Stelle dieser Art, trotz eifriger Nachforschung, zu entdecken auch mir nicht geglückt ist, so muß ich annehmen, daß Heimbach das Richtige getroffen hat; hiermit ist diese Frage also ihrer Hauptsache nach als gelöst zu betrachten. Was die weiteren Schicksale des bei Stryk noch nicht völlig in der heute üblichen Weise erscheinenden Spruches betrifft, so werde ich im letzten Paragraphen Gelegenheit nehmen, auf die Form-Veränderungen etwas abweichend von H. hinzudeuten. (Siehe pag. 84.)

Grade im Gegensatz zu der Kürze, mit welcher jenes entscheidende Resultat über das erste Auftreten des Canon zur Mittheilung kommt, steht nun die Länge, mit welcher über die Entstehung einer solchen Regel überhaupt gehandelt wird. Es wird wohl kaum Jemand diesen Theil der Arbeit H's. durchlesen, ohne das Gefühl von einer ich möchte sagen diffusen und fragmentarischen Darstellung zu erhalten. H. beginnt damit, Stellen aus Albericus Gentilis zu citiren, um zu beweisen, unser Satz habe schon zu dessen Zeiten gegolten; dabei erwähnt er aber weder der eigenthümlichen Stellung dieses Mannes, noch versucht er darzuthun, daß die Werke desselben in Deutschland verbreitet waren, eine doch keineswegs notorische Thatsache, welche ich sogar (siehe pag. 59) stark zu bezweifeln Grund habe. — Dann geht er zum 17. Jahrh. über, indem er A. Duck aufführt; weiterhin bringt er zur Stütze seiner Behauptung, auch in diesem Jahrhundert habe man die unglossirten Stellen ausdrücklich für ungültig erklärt, Citate aus Riccius, sowie aus Ericus Mauritius bei. Was aber diesen letzteren betrifft, so wird H's. Stelle völlig entkräftet durch eine andere, welche siehe pag. 70. — Ueberhaupt ist zu bemerken, daß H. wohl häufig kaum die nöthige Vorsicht bei der Beurtheilung solcher Aussprüche angewandt hat. Er unterscheidet gar nicht, ob darin ein Schriftsteller den Mangel der Glosse als entscheidend hinstellt, oder ob er irgend einen andern Grund für seine Behauptung hat; und so kommt es denn, daß, während Mauritius in jener andern Stelle sogar principiell die unglossirten Stellen für ebenso gültig wie die glossirten erklärt, H. bei ihm die entgegengesetzte Ansicht annimmt. Denselben Fehler begeht er bei Ant. Matthaeus, welcher die epitomae Constitutionum nicht wegen der bei ihnen mangelnden Glosse, sondern eines Zweifels an ihrer Echtheit halber verwirft. Wenn am Ende nun gar Richterus deshalb unter die hierhin gehörigen Autoren gerechnet wird, weil er die Gültigkeit einer einzelnen Stelle bezweifelt, die nicht authentica et genuina sei, so bedarf es wohl kaum eines Hinweises darauf, daß hier ein Irrthum vorliegt. Es wird dann Brunnemannus citirt, bei welchem allerdings die angeführte Stelle entscheidend im Sinne H's. spricht.

Es folgen nun Autoren aus der zweiten Hälfte des 17. Jahrh. — auch Lauterbach gehört hierhin, dessen Collegium Theoretico-Practicum zwar erst um 1690 im Druck erschien, der aber schon 1678 gestorben ist und durch seine Lehrthätigkeit einen außerordentlichen Einfluß zu seiner Lebzeit hatte — sowie aus dem Anfange des 18., in Bezug auf deren Stellung ich der Ansicht H's. völlig beipflichten zu können mich in der Lage sehe.

Sehen wir uns nun, nachdem wir das Einzelne geprüft, um, wie es mit den Resultaten von H. steht, so müssen wir trennen die Zeit vor und nach 1650/60. — In Bezug auf erstere bleiben an Autoren H's. für das 16. Jahrhundert Gentilis, für das 17. Duck, Riccius (siehe jedoch in Bezug auf diesen die bei H. pag. DCXCV oben citirte Stelle) und Brunnemannus übrig. Daß es sonderbar ist, durch den einen Gentilis für ein ganzes Saeculum Beweis erbringen zu wollen, sieht Jeder; und was die spätere Epoche betrifft, so ist H. selbst gezwungen, einzugestehen, daß in ihr Hunnius und Hagemeier anderer Ansicht waren. Besonders merkwürdig und charakteristisch für seine ungenaue

Kenntniß des ganzen Standes der Frage zu jener Zeit, ist aber, daß er die Stellung des Hunnius sich nur aus einem Mangel der juristischen Kenntnisse dieses Mannes zu erklären weiß, während derselbe (siehe pag. 69) durchaus nicht isolirt und sogar auf Seite der Theoretiker seiner Zeit steht. Doch lassen wir selbst andere Autoren dieser Periode ganz außer Betracht, so ist doch jedenfalls klar, daß mit drei Stellen gegen zwei keine historische Gewißheit zu erzielen ist. Damit soll nicht geleugnet werden, daß die Behauptung eine richtige sein könne; es kommt uns eben nur darauf an darzuthun, daß sie nicht bewiesen ist, die Sache für uns also trotz der Arbeit H's. res integra bleibt.

Ich will nun allerdings nicht leugnen, daß manche Stellen, welche für unsern Spruch nicht entscheidend sind, immerhin einen Beweis für das enthalten mögen, was H. doch eigentlich beweisen wollte, nämlich die ausschließliche Gültigkeit des Auth.; und daher mag es nicht unrichtig sein, wenn er dargethan zu haben glaubt, es sei die constans ac perpetua iureconsultorum, qui decimo sexto septimoque saeculo fuerunt, sententia gewesen. . . . Authentico soli . . vim et potestatem legis tribuendam esse; wenn er aber diese Behauptung mit der verwechselt, er habe klar gelegt, daß man in jener Zeit sämmtliche unglossirten Stellen für ungültig hielt, so muß ich dies unbedingt bestreiten. Vielmehr ist seine Darlegung, wie wir sehen werden, eine so lückenhafte, die Auffassung der Stellung einer Reihe von Schriftstellern, wie wir gesehen haben, eine auf so schwache Gründe gestützte, daß bis zum Jahre 1650/60 gar nichts durch sie bewiesen wird.

Für die Zeit nach 1650/60 läßt sich nicht leugnen, daß H. viel vollständiger wird. Daß aber auch diese Darstellung darunter leidet, daß die Vorgänge in der früheren Zeit nicht richtiger dargestellt sind, wird Keiner bezweifeln, der weiß, wie alle Glieder einer historischen Entwickelung in innerem, unzerreißbarem Zusammenhange stehen. Und weiterhin glaube ich auch, daß Niemand, der die betr. Auseinandersetzung liest, leugnen wird, sie sei mehr ein Aneinanderreihen literar=historischer Notizen, als eine Geschichte. —

Ich werde mir daher erlauben, bei der ganzen Darstellung der Geschichte des Inhalts unseres Satzes unabhängig von H. vorzugehen und nur hin und wieder auf seine Citate dabei zu verweisen.

Wenn es demnach nun auch scheint, als sei ich gezwungen, dann ganz ohne Anleitung durch irgend eine Autorität zu verfahren, so ist dem doch glücklicher Weise nicht so. Haben wir nämlich außer H. keinen Autor, der ex professo unsere Frage behandelt, so gibt es doch eine ganze Reihe von Schriftstellern, die den betr. Canon mit einigen Worten der Begründung erwähnen. Wir wollen zusehen, ob nicht vielleicht aus diesen sich eine allgemeine Ansicht über die Entstehung desselben, d. h. über die Geschichte der Gültigkeit der unglossirten Stellen, entnehmen läßt. —

§ 3.

Allgemeine Ansicht über die Entstehung des Canon.

Bei der Frage nach der Geltung eines Rechtssatzes ist jeder Grund, welcher für oder gegen denselben aufgeführt wird, zugleich eine geschichtliche Behauptung. Um nun zu finden, welches die allgemeine Ansicht von der Entstehung unseres Canon sei, wollen wir untersuchen, mit welchen Argumenten die Juristen, welche seiner im Vorbeigehen erwähnen, ihn stützen: eine Untersuchung, welche übrigens auf gar keine Schwierigkeiten stoßen wird.

Schon Zepernick (siehe das Ausführlichere pag. 89 ff.) geht von der Ansicht aus, die nicht glossirten Stellen seien deshalb in Deutschland ungültig, weil diese dort nie recipirt seien; und noch heute kann man in jedem Lehrbuche über R. R. lesen und von jedem Lehrstuhl bei jeder Vorlesung über R. R. hören, das Corpus Juris Justinianeum sei nur soweit in Deutschland recipirt, als es glossirt sei. Wenn man von „recipirt“ und „R. R.“ spricht, so denkt man dabei meist wohl an den großen Receptionsprozeß; in unserem Falle also wird genauer ausgedrückt folgender Satz aufgestellt: Bei der allgemeinen Aufnahme des R. R.s wurden die unglossirten Stellen nicht mit recipirt. Soweit die ausdrückliche Behauptung; stillschweigend wird aber auch damit gesagt: Ebensowenig sind unglossirte Stellen etwa noch nachträglich recipirt worden. Meistens wird wohl freilich an eine derartige Möglichkeit gar nicht gedacht werden; doch muß, wenn durch jenen ersten Satz etwas überhaupt bewiesen werden soll, nothwendig dieser zweite hinzugenommen werden. Fassen wir beide Sätze zusammen, so ergiebt sich als die allgemeine Meinung, daß die unglossirten Stellen niemals in Deutschland in usu gewesen seien.

Sehen wir nun zu, wie man diese Proposition weiter begründet, so begegnen wir im allgemeinen der Auffassung, wir hätten eben das R. R. recipirt, wie wir es von den Glossatoren überkommen hätten, also ohne die von diesen nicht behandelten Stellen. Nun gibt es aber zwei ganz verschiedene Klassen von unglossirten Stellen: nämlich die erst im 16. Jahrh. gefundenen, den Glossatoren also unbekannten und deßhalb nicht von ihnen mit Bemerkungen versehenen; und die den Glossatoren bekannten, aber von ihnen vernachlässigten Gesetze. Bedenken wir, daß jene Darlegung sich auf diese beiden Categorien bezieht, so glaube ich, werden wir leicht einsehen, daß wir zunächst einmal jeden der beiden heterogenen Theile, welche sie umfaßt, besonders darstellen müssen. Es ergibt sich dann, daß in ihr folgende zwei Sätze liegen:

1) Da wir das R. R. nach Ueberlieferung der Glossatoren aufgenommen haben, so haben wir die von ihnen vernachlässigten Gesetze zur Zeit der Reception nicht aufgenommen.

2) Da wir das R. R. nach Ueberlieferung der Glossatoren aufgenommen haben, so konnten wir nur die Gesetze aufnehmen, die ihnen bekannt waren, haben also die den Glossatoren unbekannten Stellen nicht sofort als gültig betrachtet und aufgenommen.

Diese Gründe genügen der gewöhnlichen Meinung um anzunehmen, es bedürfe keines weiteren Beweises dafür, daß zur Zeit ihrer Reception unglossirte Stellen ebensowenig aufgenommen wurden, wie zu der ihrer Restitution. Und da nun noch heute unzweifelhaft der bekannte Canon gilt, so haben sie es für unnöthig gehalten, zu untersuchen, ob nicht vielleicht in der Zwischenzeit unglossirte Stellen einmal gültig geworden wären und dann wieder ihre Gültigkeit verloren hätten. — Man kann also zu den zwei obigen den allerdings nie ausdrücklich behaupteten, aber gewiß auch nie bezweifelten dritten Satz hinzugesellen:

3) Nach der Zeit der großen Reception ist überhaupt kein R. R. mehr recipirt worden.

Diese drei Sätze sind zugleich, wie wir sehen, drei geschichtliche Behauptungen; und dennoch ist bisher noch nicht geschichtlich konstatirt, wie weit sie wahr oder falsch sind: unternehmen wir, dies zu thun, so haben wir damit zugleich eine gegebene Eintheilung für unsere Arbeit: indem wir Satz 1) prüfen, erhalten wir die Geschichte der Gültigkeit der von den Glossatoren vernachlässigten Gesetze bis zur Zeit der Vollendung der Reception, also bis Anfang des 16. Jahrh.; indem wir Satz 2) prüfen, erhalten wir die Geschichte der Gültigkeit der im 16. Jahrh. aufgefundenen Gesetze in Beziehung auf ihre sofortige Anerkennung; — verbinden können wir mit dieser Geschichte, die der weiteren Schicksale jener andern Klasse von unglossirten Stellen während des 16. Jahrhs.; — indem wir endlich Satz 3) prüfen, erhalten wir eine Geschichte der beiden, jetzt fast durchweg dasselbe Loos theilenden und vielfach ineinander übergehenden Categorien von unglossirten Gesetzen bis zur modernen Zeit.

So wird also unsere Darstellung zerfallen in Erörterung der praktischen Wirksamkeit der unglossirten Stellen

1) vor dem 16. Jahrh.,

2) im 16. und der ersten Hälfte des 17. Jahrhs.

3) nach der ersten Hälfte des 17. Jahrhs.

1. Kapitel.

Ueber die Gültigkeit der unglossirten Stellen vor dem 16. Jahrhundert.

---

§ 4.

Allgemeines.

Es handelt sich hier zunächst darum, daß wir uns klar werden über den Sinn des Satzes, wir hätten das R. R. aufgenommen, wie es uns die Glossatoren übermittelten. Dies kann zunächst heißen, wir hätten das R. R. so verstanden aufgenommen, wie es die Glossatoren verstanden; daß dem nicht so sei, ist schon dargethan, siehe oben § 1 Seite 2 ff. Oder aber es kann heißen, wir hätten durch sie die äußeren Hülfsmittel zur Reception erhalten, d. h. also mit einem Worte, der Handschriften. Nun sind aber in den Handschriften der Glossatoren und späteren alle diesen bekannten Gesetzesstellen enthalten, auch die nicht glossirten; denn wenn diese auch ziemlich häufig in einzelnen Manuscripten fehlen, so gibt es doch immer wieder manche, in welchen sie vorkommen. (Siehe z. B. Heimbach pag. DLXXIV.) Haben wir also von den Glossatoren nur ihre Handschriften bekommen, so haben wir auch die unglossirten Stellen mitbekommen; und haben wir dann das R. R. nach den Handschriften der Glossatoren recipirt, so haben wir auch die unglossirten Stellen recipirt.

Es läßt sich jedoch auch noch eine dritte Ansicht über die Bedeutung der Glossatoren für uns aufstellen; man kann sagen: haben wir auch ihre Ansichten über den Sinn des R. R.s nicht als bindende aufgenommen, so doch die über die gültigen oder nicht gültigen Stellen, sei es nun bewußt, indem wir diese Stellen deßhalb vernachlässigten, weil sie von ihnen vernachläſſigt worden waren, oder unbewußt, weil nach der ganzen damaligen Behandlungsweiſe des Rechts Stellen, welche nicht gloſſirt waren, nicht benutzt werden konnten. — Es würde aus der Richtigkeit dieſer Behauptung folgen, daß ſowohl der von der gewöhnlichen Meinung aufgeſtellte Satz 1) wie ſeine Begründung richtig ſeien.

Doch ſpricht auch gegen dieſe Mittelmeinung Manches und, wie mir ſcheint, ſehr Gewichtiges. Zunächſt einmal, daß manche von Accurſius nicht gloſſirten Stellen doch von anderen Gloſſatoren mit Bemerkungen verſehen waren, ſo daß wir trotz der enormen Präponderanz der akkurſiſchen Gloſſe es doch kaum begreifen könnten, wie gerade ſie jenen durchſchlagenden Einfluß auch in dieſer Beziehung gehabt haben ſollte. Dann aber hauptſächlich, daß auf die Art der Reception die Gloſſatoren überhaupt viel weniger Einfluß gehabt haben, als die Poſtgloſſatoren. Es iſt dies eine allgemein anerkannte Thatſache, wie denn auch häufig genug darüber geklagt wird, daß das R. R. bei uns gerade zu einer Zeit Aufnahme gefunden hat, wo es nicht mehr friſch, kräftig und lebendig, wie unter den Gloſſatoren, ſondern durch die Behandlung der Commentatoren verknöchert, von den Quellen entfernt und rabuliſtiſch mißhandelt war. Eine direkte Einwirkung der Gloſſatoren auf Deutſchland läßt ſich nirgends konſtatiren; immer nur hat man ſie durch das Medium der ſogenannten „Doctores“ hindurch kennen gelernt. Unter dieſen Umſtänden dürfte es wohl kaum zu leugnen ſein, daß der Einfluß der Poſtgloſſatoren den der Gloſſatoren auch in Bezug auf die Behandlung von Stellen als gültig oder ungültig weit übertroffen haben muß. Bedenken wir, wie lange ſich ſelbſt noch zu Alciats Zeiten und nachher in Deutſchland die juriſtiſche Praxis ſklaviſch an die immermehr entartende italieniſche Praxis hielt (ſiehe § 13), ſo wird ſich dies nicht bezweifeln laſſen. Die Sache liegt alſo folgendermaßen:

Wir haben allerdings das R. R. aus den Händen der Gloſſatoren überkommen, aber nur indirekt durch Vermittelung der Postglossatoren. Daß wir demnach von der Glosse auch die Beschränkung auf die von ihr bearbeiteten Stellen des Corpus iuris überkommen hätten, ist nur denkbar, wenn sich die Postglossatoren dieselbe Beschränkung auferlegt haben. Die Frage spitzt sich demnach folgendermaßen zu:

Haben die Commentatoren die unglossirten Stellen vernachlässigt?

Ist dies der Fall, so mag allerdings der Satz wahr sein, daß dieselben auch in Deutschland deßhalb nicht recipirt worden seien; haben aber die Commentatoren auch über die unglossirten Stellen geschrieben, so liegt gar kein Grund vor zu der Annahme, daß man in Deutschland einige, in den Handschrifteu enthaltene, von so hochgeschätzten Autoritäten kommentirte Stellen bloß deßhalb für ungültig gehalten haben sollte, weil sie nicht glossirt waren.

§ 5.

Principien der Untersuchung.

Wir haben zu erforschen, wie sich die Commentatoren zu den nicht glossirten Stellen verhalten haben. Es fragt sich nun, wie diese Untersuchnng anzustellen ist. Gewiß am Besten wäre es, fänden wir in den betr. Werken eine ausdrückliche Erklärung darüber, etwa gar schon Ansätze zu dem Satze: Quicquid non agnoscit glossa, nec agnoscit curia. —

Doch ist es mir nicht gelungen, hiervon eine Spur zu finden, trotzdem ich eine bedeutende Reihe von Büchern daraufhin durchgesehen habe, nämlich alle, welche mir die mit Werken dieser Periode reichlich ausgestattete Bibliothek der Universität Leipzig zu bieten im Stande war. Man trifft da oft manche Erklärungen über die Autorität der Glosse, die theilweise sattsam bekannt sind, theilweise zu den schon bekannten nichts Neues hinzufügen; von einem Einfluß der Glosse aber in Bezug auf die Gültigkeit der Texte ist nirgends die Rede, mit Ausnahme Einer Einwirkung, welche aber merkwürdiger Weise sich gerade nach der umgekehrten Richtung wie unser Canon wendet.

Dieser beschränkt die gültigen Stellen auf die glossirten; in Italien diente zu jener Zeit die Autorität der Glosse dazu, über den Text hinauszugehen. — So war es statuto Veronensi cautum, daß statur glossa Accursii, deficiente textu Romano (Siehe Raphael Fulgosius, Consilia, Brixiae 1490, cons. 164; und Raphael Cumanus, Consilia, ebendaselbst zu derselben Zeit, cons. 93). So sagen aber auch Alex. ab Imola (ad l. Heredes (1) D. de vulgari et pupillari substitutione (28, 6) und nach ihm Jason (ad. l. Ut vim (3) D. de iustitia et iure), indem sie von der Glosse zu gewissen Stellen reden, dieselbe sei so klar, quae sufficeret pro textu, si non haberetur. — Wir werden später auf diese eigenthümliche Anschauung zurückzukommen Gelegenheit haben.

Da sich nun für unsere Frage auf dem direkten Wege nichts Entschiedenes feststellen läßt, so müssen wir es auf indirektem versuchen, d. h. nachsehen, ob in den Werken der Commentatoren nicht etwa unglossirte Rechtssätze zur Anwendung gelangen. — Ist dies der Fall, so ist damit konstatirt, daß die Commentatoren in dieser Beziehung sich nicht nach Accurs richteten; ist es nicht der Fall, so ist damit aber noch lange nicht bewiesen, daß man die unglossirten Stellen für ungültig hielt; denn es könnte ja vielleicht gar keine Veranlassung vorgelegen haben, sie zu citiren; oder aber es könnten gleichbedeutende Stellen aufgeführt, und die unglossirten gerade zufällig als unnöthig weggelassen sein. Wir müssen vielmehr, wollen wir in Beziehung auf diese negative Seite, das Nicht-Beachten, zu festen Resultaten kommen, unterscheiden:

1) systematische Commentare, in welchen eine Gesetzesstelle nach der andern commentirt wird; in diesen ist allerdings bisweilen das Ueberspringen einer unglossirten Stelle konkludente Thatsache. Doch wollen wir sofort diese Gelegenheit ergreifen, um zu bemerken, daß umgekehrt gerade solche Werke für die Gültigkeit der in ihnen aufgeführten Stellen in praxi wegen ihres rein theoretischen Zweckes häufig nicht entscheidend sind; viel wichtiger sind daher die

2) Consiliensammlungen. In diesen wird es aber eben sehr schwer, festzustellen, was der Verfasser über die Gültigkeit einer bestimmten Stelle annahm. Denn daraus, daß dieselbe in dem Werke nicht vorkommt, läßt sich kaum etwas schließen. Daher bleibt uns nur ein Weg übrig: wir müssen uns aus den unglossirten Stellen solche aussuchen, welche früheres Recht aufheben, ohne daß andere glossirte Stellen dies ebenfalls thuen. Kommt nun dennoch bei der Erörterung der betr. Rechtsfrage in einem Consilium das frühere Recht als das geltende zur Behandlung, so folgt daraus, daß man jene Stelle für ungültig ansah.

Wir haben uns bei Darlegung dieser Methode etwas lange aufgehalten und ebenso den Unterschied zwischen theoretischen und praktischen Werken sofort zu betonen gesucht, weil beide Betrachtungen nicht blos für die Zeit der Commentatoren, sondern auch für spätere Epochen von außerordentlicher Bedeutung für uns sein werden.

Um nun ganz sicher zu gehen und hauptsächlich um den sub 2) angegebenen Weg einschlagen zu können, müssen wir zunächst suchen, die einzelnen damals schon unglossirten Stellen selbst näher kennen zu lernen.

§ 6.

Die früheren unglossirten Stellen.

Dieselben gehören theils dem Codex, theils den Novellen an. Bietet die Feststellung, welche von den letzteren zu den schon vor dem 16. Jahrh. bekannten gehören, gar keine Schwierigkeit, da wir sicher an der Hand des Auth. vorgehen können, so ist allerdings die Frage bei manchen Codexstellen eine sehr verwickelte. Glücklicherweise besitzen wir jedoch darüber völlig erschöpfende Arbeiten, nämlich von K. Witte, die leges restitutae des Justinianischen Codex, Breslau 1830 (siehe speziell pag. 10 Abs. 2) und Biener, Bemerkungen zur Restitution des Justinianischen Codex, in Savigny's Zeitschrift für geschichtliche Rechtswissenschaft, Bd. 7, V und VIII. Letzterer behandelt eigentlich auch e professo nur die restituirten leges, und zwar so, daß er zunächst die Lateinischen, dann die Griechischen bespricht; doch hat er in seiner Untersuchung der einzelnen Stellen sämmtliche unglossirten aufgenommen, wie ja ein Vergleich der von ihm besprochenen mit einem Verzeichnisse dieser sofort ergibt. Aus beiden Schriften, besonders aber der letztern, lassen sich nun leicht die nöthigen Bestimmungen für den Codex gewinnen. —

Wir sprechen zunächst von den Stellen

I. Des Codex.

1) l. 1 § 8. C de officio pr. p. Afr. I, 27 (Nr. III der lateinischen Stellen bei Biener.)
   a) Geschichtliche Notizen: fehlt in den glossirten Ausgaben, befindet sich aber in manchen Handschriften. War z. B. dem Accurs bekannt, der von ihr sagt: Nota quaedam bona verba circa principium et non leguntur istae duae leges. Der Ausdruck „duae leges" rührt daher, daß diese Bemerkung sich zugleich auf die unten sub 2) zu besprechende lex bezieht.
   b) Inhalt: Verfügungen über die Civil-Verwaltung des neu eroberten Afrika.
2) l. 2 § 19—23 ibidem; bei Biener Nr. IV.
   a) Es gilt dasselbe wie sub 1) a)
   b) Verfügungen über die Militär-Verwaltung in Afrika.
3) l. 3 C. de iureiurando per calumniam, II, 59; bei Biener Nr. VI.
   a) Unächt. Nur in sehr wenigen Handschriften vorhanden; fehlt in den glossirten Ausgaben.
   b) Es wird unter schweren Strafen verboten seu conventiculum, seu conspiratio, iuris iurandi religione vel quoquo modo composita.
4) l. 2 C. de sportulis III, 2, bei Biener Nr. VII.

a) Lateinischer Auszug aus einer griechischen Constitution; erhalten z. B. in der Palat. Vat. 755 aus dem 13. Jahrh., mit der Bemerkung ista lex non legitur. Verbunden mit 5.

b) Regelung von Sporteln unter Strafandrohung gegen den dux Thebaidos.

5) l. 1 und 2 C. de aleatoribus et aleae lusu, III, 43, bei Biener Nr. X.

a) Den meisten Glossatoren bekannt, in glossirten Handschriften fast immer vorhanden. Diese haben eine lateinische Uebersetzung des ursprünglich griechischen Textes. Sie wird bezeichnet als lex Graeca, authentica, lex Friderici; ist sogar von Azo glossirt.

b) Inhalt (wegen der Wichtigkeit dieser Stelle ausführlicher dargestellt). Das Spiel wird überhaupt verboten, zwar nicht unter Strafe, jedoch so, daß der, welcher verloren hat, das Verlorene stets zurückfordern kann; die Klage verjährt erst in fünfzig Jahren. Doch werden fünf Spiele gestattet, deren eigenthümliche Namen schon vielen Juristen und Gelehrten Kopfzerbrechen veranlaßt haben; bei diesen selbst soll nun wieder nicht ultra unum solidum gespielt werden; l. 2 verbietet equos ligneos; wenn sie gebraucht sind und das Verlorene vom Verlierenden nicht zurückgefordert wird, so soll procurator noster requirendi facultatem habere und in opus publicum convertere. Erwähnenswerth ist, daß unter anderen Motiven des Gesetzes das angeführt wird, man könne leicht durch Verlust beim Spiel dazu gebracht werden, Gott zu lästern, blasphemare.

6) l. 8^{b} C. de nuptiis V, 4 bei Biener Nr. XII.

a) In einigen Handschriften enthalten. Aechtheit zweifelhaft.

b) Eine bei einer gegen gesetzliche Vorschrift geschlossenen Ehe gegebene Mitgift wird caduca.

7) l. 4 C. de bonis libertorum, VI, 4 bei Biener Nr. XV.

a) In äußerst wenigen Ausgaben enthalten. Die von Savigny entdeckte Originalconstitution scheint den Glossatoren geläufig gewesen zu sein.

b) Eine Reihe von Bestimmungen über Patrone und Liberten.

8) l. 1 C. de duobus reis VIII, 40, bei Biener Nr. XIX.

a) Unächt. Accurs sagt: Hic ponunt et habent quidam legem, quae non est in Codice, scilicet „si duo". Auch von Azo nicht anerkannt.

b) Es steht jedem von zwei rei credendi, welche traditione rei sich als solche constituirt haben, eine actio in solidum zu, so lange die Sache in eadem causa bleibt.

Wir haben es für nöthig gehalten, diese Stellen sämmtlich anzuführen und über jede wenigstens einige Worte zu sagen, da es denn doch nicht ganz allgemein bekannt ist, wie viele und welche hierhin gehören; auch kömmt es bei der geringen Anzahl derselben auf jede einzelne an. Dennoch können wir hier schon bemerken, daß wohl hauptsächlich die sub 5 und 8 erwähnten zur Verwendung kommen werden; während die anderen theils sehr wenig bekannt, theils von öffentlich rechtlichem und veraltetem Inhalt sind, sind jene zwei für das Mittelalter durchaus nicht unpraktisch und erfreuen sich einer weiten Verbreitung. Besonders ist l. 5, von den Commentatoren angeführt als lex „Alearum" oder „Alearum usus", wichtig, da ihre Echtheit weniger bezweifelt und ihr Inhalt ein dem Geiste des Mittelalters recht entsprechender ist. — Wir gehen über zu den

II. Novellen. Eine einfache Vergleichung ergibt, daß von den im Auth. enthaltenen, also damals bekannten, Novellen folgende nicht glossirt sind: 11, 13, 21, 24, 25, 26, 27, 28, 29, 30, 31, 35, 36, 37, 40, 42, 43, 45, 50, 59, 62, 63, 64, 65, 68, 87, 101, 102, 103, 104, 110, 129, 130, 133, 145, 146 und 147. Dieselben behandeln meist einzelne Fälle, sei es nun, daß sie Anweisungen an bestimmte Verwaltungen, oder Vorschriften für einzelne Kirchen ꝛc. ꝛc. enthalten; so sind dieselben denn auch von den Glossatoren nicht in die neun Collationen aufgenommen, sondern von ihnen dem volumen als besonderer Theil, unter dem Namen der „tres partes extraordinariae“ zugewiesen worden, mit Ausnahme von zweien; diese sind:

1) Nov. 63 (coll. V, 15) de novis operibus prospectui in mare officientibus, welche speciell auf Constantinopolitaner Verhältnisse angepaßt ist und die Umgehung eines Baugesetzes verbietet, aber benutzt werden kann um allgemeine Schlüsse für solche Fälle zu ziehen; und

2) Nov. 110 (coll. VIII, 6) de usuris, hebt auf die Nov. 106, welche l. 26 C. de usuris IV, 32 aufgehoben hatte, so daß also jetzt diese wieder gilt.

Die andern Novellen brauchen wir nicht zu betrachten. Von ihnen ist es offenbar und unzweifelhaft richtig, daß sie durch die Autorität der Glosse ungültig geworden sind. Man findet sie in keinem Werke der Commentatoren erwähnt; sie werden von Niemand mehr gekannt; sie sind im 16. Jahrh. so in Vergessenheit gerathen, daß sie ebensowohl wie die neugefundenen Stellen gleichsam wieder entdeckt werden müssen. In Bezug auf sie können wir also ohne Weiteres sagen, daß die Frage, ob die unglossirten Stellen auch von den Commentatoren vernachlässigt worden seien, zu bejahen ist. Einer Untersuchung dagegen bedarf es für den Codex und jene zwei in die Collationen aufgenommenen Novellen.

§ 7.

Die Postglossatoren.

Gehen wir nun dazu über, die Werke der Postglossatoren in Bezug auf die uns interessirenden Stellen zu prüfen. Hauptsächlich wird es hierbei auf Bartolus und Baldus ankommen, deren Einfluß bei weitem der bedeutendste gewesen ist. Doch dürfte es wohl richtig sein, vorher wenigstens einen ihrer Vorgänger zu behandeln; wir wählen

I. Jacobus de Belvisio (Jac. de Bel.) Von diesem Juristen besitzen wir einen Commentar super autenticis, so daß wir leicht nachsehen können, ob er die unglossirten Stellen einfach überschlägt oder nicht. Da finden wir zunächst als V, 15 die jetzige Nov. 63 folgendermaßen besprochen: De operis novi nunciatione. Casus brevis: nulli liceat edificare in hac regia civitate ultra terminos etiam a iure permissos, si principaliter etiam vicino noceat . . . Nota quod a iure permissa non licent si fiant in alterius iniuriam, principaliter et ut aliis noceant. . . . . Et argumentum est hoc, quod non liceat ecclesiam vel monasterium edificare etiam intra numerum ecclesiarum a papa statutarum, si principaliter edificetur, ut alii ecclesiae vel monasterio noceat. Die Stelle scheint mir von durchschlagender Wichtigkeit. Nicht nur commentirt Jac. de Bel. eine unglossirte Novelle, ohne sich daran zu stoßen, daß die Glosse fehlt; nicht nur setzt er ihren Inhalt sogar ziemlich breit auseinander; sondern er zieht auch aus ihr eine für seine Zeit praktische Folgerung. Es wird dadurch diese Erwähnung einer in einer Consiliensammlung geschehenden mindestens gleichwerthig und so beweist sie denn zur Evidenz, daß die Commentatoren gar nicht daran dachten, aus dem Mangel der Glosse einen Schluß auf die Ungültigkeit der Stelle zu ziehen, ja, daß sie es nicht einmal für nöthig hielten, sich dagegen zu verwahren, man könne einen solchen ziehen. So bricht schon vor dieser Einen Stelle ein bedeutender Theil der gewöhnlichen Ansicht von der Basis ab zusammen.

Sehen wir uns nun nach weiteren Bestätigungen für das eben Gefundene um, so liegt am Nächsten nach Nov. 110 zu suchen; und auch diese finden wir an ihrer Stelle besprochen, als 6. der coll. 8. Dieses Mal jedoch hat die Behandlung einen ganz anderen Charakter. Jac. de Bel. beginnt sofort mit den Worten: Haec constitutio nullius est utilitatis. Dann gibt er ganz kurz den Inhalt an und schließt mit dem Satze: In ea non insisto. Hier könnte man also wohl sagen: Da ist ja eine neue unglossirte Stelle, die von einem Postglossator auch geradezu als werthlos bezeichnet wird; er hält es freilich für nöthig, etwas darüber zu sagen, doch folgt aus einer derartigen Erwähnung eher die Ungültigkeit der betr. Stelle als ihre Gültigkeit. Auf diesen Einwurf müssen wir etwas näher eingehen, da wir hier vor einer Erscheinung stehen, welche uns noch häufig auffallen wird. Eine Stelle wird noch angeführt, man hält es für richtig sie zu besprechen, aber man behandelt sie doch als nicht vollgültig, man hegt gegen sie ein gewisses Mißtrauen und so kömmt sie langsam außer Gebrauch. Nur daß dieses Mißtrauen vom Mangel der Glosse herrühre, — und das ist doch eigentlich für uns das punctum saliens — das kann ich nicht zugeben. — Denn wie diese Stelle deutlich erkennen läßt, daß nur in Folge der Unbrauchbarkeit jene Vernachlässigung eintritt, so werden wir bei anderen manche andere Gründe finden, nie aber bis in weit spätere Zeiten hinein den, daß die Glosse mangele. Daß jedoch diese Stellen mit den nichtglossirten fast durchaus zusammenfallen, ist natürlich, wenn wir bedenken, daß die Glossatoren gerade dieselben Motive hatten, jene Gesetze nicht zu glossiren, welche bei ihren Nachfolgern ebenfalls wirksam waren. Zur Erklärung der genauen Uebereinstimmung der unglossirten und der in abusum gekommenen Stellen ist allerdings noch nöthig hinzuzunehmen, daß der Einfluß der Glosse in Bezug auf die in die tres extraordinariae partes aufgenommenen Novellen ein entscheidender war. — Wir gehen jetzt über zu:

II. Bartolus (Bar.) Wir stehen hier bei dem berühmtesten aller Commentatoren. Von ihm und Baldus kann man wohl sagen, daß sie die gesammte Rechtsentwickelung beherrscht haben, nicht nur bis in's 16. Jahrh., sondern auch noch lange nachher, sowohl in Italien wie in Deutschland. So ist denn Bar.'s Ansicht für uns von der äußersten Wichtigkeit; glücklicherweise besitzen wir von ihm eine ausgedehnte Reihe von Werken zur Stütze unserer Untersuchungen. Betrachten wir zunächst die Commentare; wir besitzen solche über Codex, Digesten und Authenticum. Zunächst scheiterten meine Versuche, in den beiden ersteren irgend eine unglossirte Stelle behandelt zu finden. Es blieb daher nur übrig der Commentar zum Authenticum; die jetzige Novelle 110 führt Bar. auch in diesem nicht an, dagegen aber wohl die Novelle 63 (coll. V, 15). Es heißt so: Nulli licet aedificare in hac regia civitate, ultra terminos a iure pernissos, si principaliter noceat, poena contra facientibus imminente. Nota ex hoc textu sumptum Jac. de Bel., quod permissa a iure non liceant, si principaliter fiant in alterius iniuriam, ut aliis noceant. Diese Stelle ist ebenso durchschlagend, wie die sub I erwähnte. Es wird aus ihr klar, daß auch Bar. nicht den mindesten Zweifel an der Gültigkeit jener Novelle hegte, daß er nicht einmal daran dachte, der Mangel der Glosse könne von Einfluß sein, ja daß ihm gar nicht der Gedanke kam, diesen Umstand auch nur zu erwähnen. Daß die meisten anderen unglossirten Stellen fehlen, ändert an dieser Thatsache nichts, theilweise mag er auch die betr. Codexstellen gar nicht gekannt haben, denn diese finden sich keineswegs in allen Handschriften, sondern nur hin und wieder in einzelnen derselben. Unzweifelhaft bleibt es, daß Bar. hier eine unglossirte Novelle commentirt, ohne irgend welchen Zweifel an ihrer Gültigkeit auszusprechen, und daß sich sogar schon über sie dieselbe Art Tradition zu bilden anfängt, wie sie bei anderen durch die Glossatoren veranlaßt wurde, indem Bar. den Jac. de Bel. citirt und damit eine Usual-Interpretation unserer Stelle vorbereitet wird. — In den Consilien war es mir nicht möglich, einen Fall zu entdecken, auf welchen eine unserer Stellen hätte Anwendung finden können, geschweige denn eine solche Anwendung selbst. Gehen wir jetzt über zu dem großen Nachfolger des großen Bar., nämlich zu

III. Baldus (Bal.) — Trotz eifriger Nachforschungen in den Consilien dieses Juristen war ich nicht im Stande, einen einzigen Fall zu finden, in welchem eines von unseren Gesetzen gebraucht werden könnte. Wenden wir uns aber zum Commentar in Codicem, so finden wir eine desto bedeutsamere Stelle. In dem Buche super tertio Codicis heißt es nämlich, nachdem l. 7 C. de religiosis etc. commentirt ist, folgendermaßen: ad l. Alearum usus. — Ibi blasphemare. No. quod verisimile est, quod ludentes blasphement deum et est una de causis, quare ludi tabularum prohibentur. Ibi instrumenta. No. de instrumentis, quae fiunt in ludo et vide Jac. de Arre. ff. de usura, pro emptore, l. si quis cum sciret. Ibi reddatur. No. contra illos, qui dicunt quod debet dari pauperibus illud, quod vincitur in ludo; immo debet restitui parti victe. Ibi episcopis locorum. No. quod ad episcopos spectat executio incertorum et male acquisitorum; sive non appareat is, cui ablatum est, sive appareat et negligat, quod est no. (notandum). Item nota, quod non currit praescriptio nisi quinquagenaria; tamen ista autem est specialis in suo cursu. Bal. — Diese Worte sind wieder ganz entscheidend gegen die Behauptung, die Commentatoren hätten die unglossirten Gesetze unbeachtet gelassen. Man kann sich im Gegentheil kaum eine ausführlichere, sorgsamere Commentirung dieser Stelle denken. Auch tritt hier wieder ein Umstand hinzu, der sie fast so bedeutsam erscheinen läßt, wie eine in Consilien gefundene, nämlich der, daß solche praktische Schlußfolgerungen gezogen werden, wie no. contra illos, qui dicunt; oder gar solche Sätze allgemeinerer Natur damit verbunden werden, wie no. quod ad episcopos. Wir können daher gar nicht zweifeln: auch Bal. hält unglossirte Stellen nicht ebendeßhalb für ungültig. — Uebrigens erlaubt uns die Stellung dieses Commentars hinter denjenigen über die 7 leges de religiosis etc. festzustellen, daß eine Annahme richtig ist, welche wir später zur Erklärung einer Stelle des Paulus de Castro zu machen gezwungen werden, nämlich es seien die leges de aleatoribus hinter den Titel de religiosis et sumptibus funerum gerathen. — Um aber einstweilen nicht von Bal. abzukommen, so ist dagegen l. 1 C. 8, 40 allerdings nicht von ihm commentirt, er scheint sie nicht einmal gekannt zu haben, da er seine Abhandlung über den betr. Titel mit der jetzigen l. 2 beginnt, dieselbe aber l. 1 nennt. Dies ist übrigens leicht erklärlich: denn da sowohl Azo wie Accursius sie als falsch verurtheilt hatten, so wurden sie natürlich häufig aus den Handschriften weggelassen, ohne daß dabei der Mangel der Glosse als solcher auch nur hätte in Betracht zu kommen brauchen. — Betrachten wir jetzt zunächst

IV. Paulus de Castro (P. de Ca.) In der Sammlung von Consilien dieses Juristen war nichts hierhin Bezügliches aufzufinden; dagegen scheint mir folgende Stelle äußerst wichtig, die sich in seinem Commentarius in Codicem befindet: ad Rubricam: De usu alee et de aleatoribus; de religiosis et sumptibus funerum. Super rubrica ibi et sumptibus funerum: de ista secunda parte rubrice non fit mentio nisi in l. III, quae incipit „Legatum". Aliae vero leges loquuntur de prima parte rubricae; de ultima vero nulla lex huius tituli tractat, licet hic sit quaedam autentica graeca translata in latinum, quae prohibet ludum alearum et annullat contractum factum in ludo occasione ludi: et concedit repetitionem eorum, quae perduntur in ludo: licet male servetur: circa quam vide in l. si quis cum sciret cum ibi notari D. pro emptore. (l. 8 D 41, 4) Et no. glo., dum dicit extrema latius ꝛc (et cetera?), sicut e converso extrema gaudii luctus occupat, quod quam plurimum contingit.

Soweit P. de Ca. Vor allem erhellt aus dieser Stelle, daß das ganze Ende des dritten Buches des Codex in großer Unordnung gewesen sein muß. Zunächst einmal fällt uns die

Verbindung zweier so verschiedenartiger Gegenstände wie Begräbnißkosten und Spielverbot in Einem Titel auf; und so sind denn auch dieselben wirklich ursprünglich nicht auf diese Weise zusammengefaßt gewesen; der Justinianische Codex enthält hier — und unsere jetzigen Ausgaben zeigen wieder dieselbe Einrichtung — zwei Titel: 3, 43 de aleatoribus etc. und 3, 44 de religiosis etc. Die hiemit zugleich gegebene ursprüngliche Anordnung scheint sich darin erhalten zu haben, daß in der Rubrik die Bezeichnung des jetzigen Titels 3, 43 voransteht. Nach P. de Ca's. Auffassung zerfällt nun aber offenbar sein Titel in drei Theile: de aleatoribus etc., de religiosis funerum und de sumptibus funerum; nach der Rubrik wäre dies auch zugleich die Reihenfolge. Dies ist aber mit der Interpretation unverträglich. Er sagt de ista secunda parte non fit mentio, außer in der lex III, „legatum"; sehen wir diese Stelle an, so ist aber gerade sie die einzige, welche de sumptibus funerum handelt, während alle übrigen Stellen unseres jetzigen Titels 3, 44 de religiosis reden; es müßte also nicht secunda, sondern tertia parte heißen nach der Reihenfolge des Titels. Endlich wird gesagt, de ultima handele nur eine lex, welche wir aus der Inhaltsangabe als die lex „alearum" bestimmen können. Demnach widerspricht sich hier P. de Ca., indem er de ultima parte rubricae statt de prima, de secunda statt de ultima, de prima statt de secunda spricht. Dies läßt sich nur erklären, wenn wir annehmen, daß er diese Bezeichnungen nach der Reihenfolge des Textes gewählt habe, daß diese eine andere als die der Rubrik gewesen, und daß, wo er von einer prima, secunda etc. pars rubricae spricht, er den ersten, zweiten etc. Theil des unter der Rubrik stehenden Textes meint; dieser aber muß so geordnet gewesen sein, daß die leges „alearum" nachstanden, wo denn alles stimmt, auch die Angabe der lex „legatum" als lex III, während diese, wenn die leges „alearum" vorstanden, lex V heißen müßte. Bestätigt wird eine solche Annahme durch die sub III angeführte Stelle des Bal., wie wir dort vorausgreifend bemerkt haben.

Sehen wir uns nun, nachdem wir so die Stelle verständlich gemacht zu haben glauben, den uns interessirenden Schluß-Passus näher an, so ist jedenfalls daraus zu folgern, daß P. de Ca. die lex „alearum" kannte, es für nöthig hielt ihren Inhalt kurz anzugeben und daß man im Allgemeinen sich bei ihr aufzuhalten pflegte; für letzteres ist die daran geknüpfte allgemeine philosophische Bemerkung redender Beweis: denn solche Sätze pflegten nach Gewohnheit der damaligen Gelehrten immer wieder an derselben Stelle wiederholt zu werden. Keinenfalls hat also P. de Ca. ein Bedenken gegen diese Stelle etwa deßhalb gehabt, weil sie nicht glossirt gewesen wäre; citirt er doch die Glosse zu einer anderen Stelle ohne auch nur zu bemerken, daß unsere Stelle nicht glossirt ist. — Allerdings läßt sich andererseits nicht verkennen, daß in dem Ton, mit welchem er von der Sache handelt, in dem Ausdrucke „licet hic sit quaedam autentica graeca" eine gewisse fast hätte ich gesagt Verachtung der Stelle liegt. Wir können hier wieder darauf hinweisen, wie eine unglossirte Stelle allmählig in abusum geräth, ähnlich der von Jac. de Bel. commentirten Nov. 110; doch ist offenbar nicht der Mangel der Glosse der Grund; vielmehr tritt, wie dort die Unbrauchbarkeit, so hier die althergebrachte Scheu vor dem Griechischen als Ursache klar zu Tage. — Ein Zeitgenosse des P. de Ca. ist

V. Bartholomaeus a Saliceto (B. a Sa.) Derselbe bespricht die lex „alearum" und zwar unter besonderem Titel als 3, 43, während er die Gesetze de religiosis etc. als Titel 44 zusammenfaßt. Merkwürdig ist nur, daß er dann doch den von ihm selbst 3, 44 genannten Titel vor dem 3, 43 geheißenen behandelt. Ueber den letzteren gibt er eine außerordentlich gedehnte Auseinandersetzung, ohne im Grunde etwas mehr zu sagen. als Bal.; wie es denn ja überhaupt für die Werke dieser späteren Postglossatoren noch mehr als für die der früheren charakteristisch ist, daß sie über jede Kleinigkeit einen geistlosen Redestrom ergießen. Auffallend ist dabei noch, daß die Besprechung die Ueberschrift lex III trägt, während der Inhalt beweist, daß die uns wohlbekannten leges gemeint sind. Ob man überhaupt wußte, daß die lex „alearum“ eigentlich aus zwei leges besteht, ist mir sehr zweifelhaft; jedenfalls tritt unsere lex 2 stark in den Hintergrund. Interessant sind nun besonders folgende Worte in § 7: Quaero an huic legi per consuetudinem contrariam possit derogari? Aliqui dicunt quod sic, quasi illud sit prohibitum non iure positivo. Unde attende quod dicit beatus Thomas. . . . hoc Thomas; Raymundus . . . Wir sehen hieraus, daß jenes Gesetz höchst unbequem war; man hätte eben gar gern das Spielverbot weggeschafft, einerseits um frei spielen zu können, andererseits um die Wirklichkeit mit dem Gesetz in Uebereinstimmung zu bringen, denn offenbar wurde faktisch gespielt, ohne daß das Verbot zur Anwendung gebracht worden wäre. Darum wendet sich also B. de Sa. zu gelehrten Ausführungen des Thomas und Raymundus; wem wäre es aber je eingefallen, so schwer zu führende Waffen zu gebrauchen, die überdies meist zweischneidig waren, wenn man das bequeme Mittel an der Hand gehabt hätte zu sagen: Die lex „alearum“ ist ja nicht glossirt! Daß nun des Mangels der Glosse gar keine Erwähnung geschieht, ist wahrlich ein stringenter Beweis dafür, daß derselbe eben gar keine Bedeutung hat.

Von anderen Commentaren habe ich noch Werke von Alexander ab Imola, Decius, Benedictus de Benedictis, Bartholomaeus, Socinus, Raphael Fulgosius, Raphael Cumanus eingesehen, ohne in denselben irgend etwas positiv oder negativ Entscheidendes gefunden zu haben. Doch scheint es mir der Erwähnung werth, daß Decius weder in Cons. 115 Nr. 3, noch in Cons. 163 Nr. 19 die lex „alearum“ citirt, obgleich an beiden Stellen vom Spiel die Rede ist. Dann dürfte wohl noch zu bemerken sein, daß Cinus de Pistorio in seinem Com. ad part. I C. das dritte Buch mit dem Titel ad exhibendum (3, 42) schließt und nur noch hinzufügt: Titulum sequentem non prosequor. Aus dem Singularis könnte man nämlich folgern, daß er den Titel

„de aleatoribus“ nicht gekannt hat; doch ist darum noch nicht ausgeschlossen, daß er die lex „alearum“ kannte, aber wie Jac. de Bel. und Bal. nur unter dem Titel de religiosis etc.; daß er sie aber keinesfalls wegen des Mangels der Glosse vernachlässigt hat, erhellt deutlich aus dem ähnlichen Schicksal, welches die l.es 1—7 C. 3, 44 bei ihm gehabt haben.

Als der letzte der Postglossatoren und zum Abschlusse ihrer Zeit ist endlich noch zu nennen Jason de Mayno. Doch waren meine Versuche, in seinen Werken etwas hierhin Bezügliches zu finden, vergeblich. Ich möchte nur bemerken, daß es gar nichts beweist, wenn wir in seinem Com. ad Cod. die lex „alearum usus“ nicht berührt finden; er verfährt nämlich in diesem völlig sprungweise, so daß es nicht auffällig ist, wenn er jene doch immerhin ein wenig zweifelhafte Stelle unberücksichtigt liegen ließ.

§ 8.

Resultate.

Halten wir hier am Ende des 15. Jahrhs. inne, um aus den bisherigen Untersuchungen die Resultate zu ziehen.

Wie wir sahen, gründet sich die Ansicht, das R. R. sei bei uns in Deutschland ohne die unglossirten Stellen recipirt, auf die andere, diese seien auch von den Juristen, welche auf die Reception vom entscheidendsten Einfluß gewesen sind, für ungültig gehalten worden. Daß nun Zusätze der Glosse, wie non legitur und dergl. m., besonders wenn wirklich der Inhalt der Stelle ein für mittelalterliche Verhältnisse wenig passender war, einen bedeutenden Einfluß auch in Deutschland geübt haben, ist allerdings nicht zu bezweifeln. Da aber das R. R. eigentlich erst unter den Postglossatoren in Deutschland eingedrungen ist, und die unglossirten Stellen wenigstens in den Handschriften enthalten waren, so hätte auch nur eine ausdrückliche Ungültigkeitserklärung jener Stellen von Seite der

Commentatoren ihre Aufnahme verhindern können. — Nun glauben wir aber bewiesen zu haben, daß letztere, weit entfernt eine solche auszusprechen, nicht einmal an ihre Möglichkeit dachten; wir können vielmehr die Sachlage folgendermaßen schildern:

Der Einfluß der Glosse ist ein absolut siegreicher in Bezug auf alle in die tres partes extraordinariae verwiesenen Novellen; wie sie diese als unnütz behandelt hat, so auch ihre Nachfolger; wir besitzen über die Novellen aus jener Zeit keinen Commentar, sie werden nie erwähnt, sie sind wahrscheinlich sogar den meisten Juristen völlig unbekannt. Daher ist es klar, daß sie auch in Deutschland nie in Uebung gewesen sein können. Auch hier empfing man sie als überflüssige Waare, die man in jene tres partes als in eine Staubecke zusammengekehrt habe und nun so von Hand zu Hand weiterliefere. Sie blieben unbeachtet und ungelesen, bis das 16. Jahrh. sie aus langem Todesschlafe wieder erweckte.

Ganz anders aber steht es mit den zwei in den neun Collationen enthaltenen Novellen, welche nicht glossirt sind. Wir haben gesehen, wie Nov. 63 von den bedeutendsten Commentaren als gültig besprochen und behandelt wird, wie aber auch Nov. 110 Erwähnung zu finden nicht ermangelt. Während daher in Bezug auf die übrigen unglossirten Novellen der Satz richtig ist, daß sie deßhalb in Deutschland nicht gelten, weil sie nie recipirt worden sind, kann man Gleiches von jenen beiden nicht behaupten. Denn warum sollten sie, die von solchen Italienischen Autoritäten erwähnten und in so viel Handschriften verbreiteten, in Deutschland nicht mit aufgenommen sein? Es läßt sich also für das Ende des 15. Jahrh. in Deutschland der Satz gar nicht aufstellen, daß alle unglossirten Novellen ungültig gewesen seien. Ebensowenig der, daß alle glossirten Stellen ungültig gewesen seien! Denn gehen wir jetzt zur Betrachtung des Codex über, so können wir allerdings nur für Eine seiner unglossirten Stellen den strengen Nachweis der Gültigkeit führen, nämlich für die häufig citirte lex „alearum“.

— Diese genügt aber auch völlig um darzuthun, daß man im Codex gleichfalls sich um Vorhandensein oder Nichtvorhandensein der Glosse wenig kümmerte.

Andererseits ergeben sich jedoch aus unseren Resultaten auch Elemente, aus welchen sich naturgemäß der jetzt allseitig anerkannte Canon oder wenigstens die in ihm enthaltene Regel entwickeln mußte. Wir treten, indem wir dieselben gruppiren, zugleich an die positive Seite unserer Aufgabe heran, während wir bisher nur die gewöhnliche Ansicht von dem Ursprung unseres Satzes in einzelnen Punkten zu widerlegen bestrebt gewesen sind.

Sehen wir einmal zu, welches die Hauptleistungen der Glossatoren waren, so wird gewiß Niemand verkennen, daß das Wiedererwecken der Kenntniß des R. R.s, das Vertiefen in die Subtilitäten desselben und andererseits die kritische auf Verbesserung des Textes gerichtete Thätigkeit nicht lobend genug hervorgehoben werden können; Hand in Hand hiermit geht aber auch das Bestreben, das R. R. den damaligen Zuständen anzupassen. Diese Arbeit war keine leichte, obgleich in Italien weniger schwer als in Deutschland, wo denn auch wirklich das R. R. später noch einmal demselben Proceß unterzogen werden mußte. Die Glossatoren nun erledigten sich ihrer Aufgabe auf zwei ganz verschiedene Arten. Die eine war die, daß sie in die Texte des R. R.s Gedanken und Sätze hineinlegten, welche für ihre Zeit paßten, aber eigentlich kaum darin gelegen hatten; sei es nun, daß sie absichtlich so interpretirten, sei es, daß sie zu dieser Interpretation kamen, ohne selbst davon zu wissen, getrieben von den Umständen. Hiermit kam man aber nicht aus; mit gewissen Theilen des Corpus iuris war absolut nichts anzufangen und zwar aus zweierlei Gründen: es gab Gesetze (hauptsächlich Novellen) von öffentlich rechtlicher Natur, welche nur auf Justinianeische Staatszustände paßten; und es gab andere Gesetze, welche mit den Anschauungen des Mittelalters im schärfsten Widerspruch standen. Da entschloß man sich kurz, man warf die Novellen, welche solche Verfügungen enthielten, einfach aus dem Kreis des regelmäßig zu behandelnden Gesetzmaterials heraus; nur zwei derselben ließ man in den neun Collationen, ohne sich weiter mit ihnen zu befassen; und dies letztere Verfahren schlug man auch bei den wenigen hierhin gehörigen Codexstellen ein.

Hätte nun die Ansicht der Glossatoren über die Unbrauchbarkeit jener Stellen Autorität gewonnen, so wäre damit ihr Schicksal entschieden gewesen. Bei einigen Gesetzen aber konnte man immerhin zweifelhaft sein, ob sie nicht verwendbar seien und so nahm man denn wieder auf jene zwei Novellen 63 und 110 sowie die lex „alearum"; die übrigen blieben unbeachtet. Diese absolut vernachlässigten, nie commentirten und nie glossirten Stellen sind nun natürlich in Deutschland nicht aufgenommen worden; und so kann man allerdings wohl sagen:

Es sind in Deutschland keine unglossirten Stellen recipirt worden, mit Ausnahme von dreien.

Dieser Satz hat jedoch eine ganz andere Bedeutung als der ziemlich gleichlautende Satz 1 der gewöhnlichen Meinung (siehe pag. 10). Dieser sagt, es seien gewisse Stellen nicht aufgenommen worden, weil sie unglossirt waren; wir aber sagen und glauben bewiesen zu haben, es seien gewisse Stellen nicht aufgenommen worden, weil ihre Unbrauchbarkeit überall und allseitig anerkannt war; diese Unbrauchbarkeit haben eben auch die Glossatoren dadurch anerkannt, daß sie die betr. Gesetze nicht glossirt haben; man kann dieselben daher leicht an dem Zeichen erkennen, daß ihnen die Glosse fehlt. Ein gewisser Einfluß der Glosse freilich in Bezug auf die Auswahl der unbrauchbaren Stellen ist nicht zu verkennen, wie wir denselben denn auch schon mehrmals hervorgehoben haben.

Sehen wir uns zum Schluß nun nochmals die drei Stellen an, welche wir oben als Ausnahme zu citiren hatten, so finden wir, daß doch auch diese eine eigenthümliche Position einnehmen. Zwei von ihnen, die Codexstelle und die Nov. 110, erfreuen sich keineswegs eines sicheren Ansehens; die letztere wird wohl erwähnt aber sofort als unpraktisch; die erste wird sogar ausführlich behandelt, aber doch immer mit einem gewissen Zweifel an ihrer Gültigkeit. Die dritte Stelle endlich hat nur insofern Bedeutung, als aus ihr allgemeine Folgerungen gezogen werden; die in ihr getroffene Verfügung an und für sich ist ganz unpraktisch. Und so sehen wir denn die Entwickelung klar voraus; jene drei Stellen müßten nach und nach auch völlig außer Gebrauch kommen, dann träfen die unpraktischen Stellen genau mit den unglossirten zusammen, man könnte dann leicht den Umstand, daß jene nicht glossirt sind, als Zeichen benutzen und damit wäre der Inhalt unseres Canon gegeben; da kömmt nun aber der Sturm des 16. Jahrh., es kömmt die völlige Veränderung der Rechtswissenschaft und Rechtsentwickelung, es kommen die neuaufgefundenen Novellen, die leges restitutae des Codex; und so kann die Weiterbildung nicht verfehlen, einen viel verworreneren Charakter anzunehmen.

---

2. Kapitel.

Ueber die Gültigkeit der unglossirten Stellen im 16. Jahrhundert.

---

§. 9.

Allgemeines.

Der Uebergang aus dem 15. in das 16. Jahrh. vollzog sich keineswegs so plötzlich wie man dies anzunehmen wohl geneigt ist. Von den drei häufig als das aufgehende Dreigestirn citirten Juristen Alciat, Zasius, Budäus steht jedenfalls der erstere noch ganz auf dem Boden der Commentatoren und erhebt sich nur langsam über ihre Anschauungsweise; der zweite scheint wenigstens im Anfange seiner Laufbahn auch noch in dieser befangen gewesen zu sein (siehe v. Stintzing, U. Zasius, Bemerkungen zu dessen Schrift de baptizatione Indaeorum parvulorum); der letzte allerdings ist schon völlig ein Mann der neuen Richtung. Ich erlaube mir diese Abstufung deshalb hervorzuheben, weil man wohl geneigt ist, den Uebergang von der Schule des 15. zu der des 16. Jahrh. als einen schroffen anzunehmen, während doch in manchen Anschauungen die ersten Männer der alten den letzten der neuen Richtung noch recht nahe stehen; und Italien wenigstens ist, bis in ganz moderne Zeiten, nie über jene von Alciat eingenommene Stellung hinausgekommen.

Vielmehr ist es bekanntlich Frankreich, in welchem die neue historisch-wissenschaftliche Behandlung des Rechts ihre Triumphe feiert. Während wir also bisher die Rechtsentwickelung allein in Italien zu verfolgen hatten, indem deren Einfluß auf Deutschland ein entscheidender war, müssen wir jetzt nach Frankreich hinübergehen, zusehen, wie sich dort die Dinge gestalten und dann nachforschen, ob und in wie weit sich in Deutschland die Einwirkung Frankreichs fühlbar macht. Daneben aber dürfen wir Italien durchaus nicht vernachlässigen, denn die weitere Betrachtung wird uns die übrigens wohl bekannte Thatsache bestätigen, daß trotz der Stagnation und Verknöcherung der Jurisprudenz in Italien doch die Autorität seiner Rechtsgelehrten das ganze 16. Jahrh. hindurch und noch später bei uns eine gewaltige war, ja, was die Rechtsanwendung betrifft, die der Franzosen bei Weitem überragte. Endlich haben wir nun auch eine ausgedehnte Römisch-Rechtliche Literatur in Deutschland selbst zu studiren, so daß sich das Feld unserer Untersuchung geradezu verdreifacht.

Es wäre nun allerdings höchst interessant, die Geschichte der unglossirten Stellen auch in Spanien zu verfolgen, doch würde dies ganz aus dem Rahmen unserer Arbeit herausfallen; müssen wir es uns doch sogar versagen, die Entwickelung in Frankreich weiter und genauer zu untersuchen, als es nöthig ist, um den Einfluß derselben auf die deutsche Jurisprudenz zu constatiren und zu verstehen.

Es ist allgemein bekannt, wie die französische Juristenschule im 16. Jahrh. zu einer ganz anderen Behandlung des Rechts übergeht, indem sie auf die Quellen zurückgreift und besonders Anfangs das Schwergewicht auf die historisch-philologische Seite legt. Diese Richtung ist für unseren Gegenstand von ganz außerordentlicher Bedeutung durch zwei Umstände:

1) Durch die Auffindung neuer Theile des Corpus iuris. Der gewaltigen kritischen Thätigkeit der damaligen Zeit, unterstützt durch eine Reihe glücklicher Funde, gelang es sowohl den Codex wie die Novellen wieder vollständig herzustellen, sowie auch zwei kurze in den Digesten fehlende Passagen zu ergänzen. Daß die so wiedergewonnenen Stellen unglossirt waren, ist so natürlich, daß es fast lächerlich ist, es zu sagen und dennoch muß es gesagt sein, weil sie eben deshalb unser Interesse in Anspruch nehmen. Daß sie in Deutschland nicht recipirt worden waren, so lange man sie noch nicht kannte, ist ebenfalls selbstverständlich, will aber auch bemerkt sein. Der Schluß, daß sie nicht deßhalb nicht recipirt waren, weil sie nicht glossirt waren, liegt auf der Hand. Danach können nun folgende Möglichkeiten zur Frage kommen: Sind jene Stellen in Frankreich als gültig betrachtet worden und dann durch französischen Einfluß nachträglich in Deutschland recipirt? Oder sind sie gar in Deutschland ohne Weiteres recipirt worden? Oder hat man sich in Deutschland ihnen gegenüber rein abweisend verhalten? Welcher von diesen Fällen wirklich eingetreten sei, darüber läßt sich nichts sagen, ohne daß wir zugleich die andere Folge des neuen Systems in Betracht ziehen, nämlich:

2) Die Wiederaufnahme der Behandlung der schon früher bekannten unglossirten Stellen. Wir berühren hiermit den Grundzug der neuen Rechtsauffassung. Statt sich nur um das Recht als ein geltendes zu kümmern, dieses dialektisch zu untersuchen und darzustellen, beginnt man sich für das Recht als solches, für sein Werden und Wachsen, seine Gliederung und seinen organischen Zusammenhang, sein Wesen und seinen

Kern zu interessiren. Dabei kömmt es nun aber nicht mehr darauf an, ob ein bestimmtes Gesetz für heutige Zustände noch paßt oder nicht paßt; genug, daß es eine Ueberlieferung aus der Römerzeit ist, daß wir aus ihm Schlüsse auf den Geist der Gesetzgeber ziehen können, daß es uns einen Anhaltspunkt mehr gewährt, um in die Tiefe, das Innere der Gesammtgesetzgebung einzudringen. Zugleich tritt die Neigung hervor, aus rein antiquarischem Interesse die Gesetze zu studiren. Wir sind eben in der juristischen Renaissance und da ist es natürlich, daß häufig der eigentliche Endzweck aus den Augen verloren wird, während die damals als Humanismus herrschende Philologie sich auf dem Gebiete der Jurisprudenz zur Gebieterin aufwirft und jede Novelle, welche die Glossatoren in die Rumpelkammer der tres partes extraordinariae verwiesen hatten, wie einen kostbaren Schatz gierig wieder ans Licht zieht.

Aus demselben Umstande erklärt sich auch, wie so die französischen Juristen absolut kein Bedenken gegen die Verwendung der neuaufgefundenen Theile des Corpus iuris haben. Glossatoren und Postglossatoren sind für sie Barbaren; schon ihre Sprache ist dem gebildeteren, feineren Ohr unerträglich, ihre endlosen Citate sind unausstehlich, die Art ihrer Behandlungsweise eine insipide. Kein Hohn uud Spott, kein Vorwurf und keine Schmähung sind diesen humanistisch gebildeten Juristen zu viel für Leute, die es gewagt haben, ohne gelehrte Kenntnisse an die Bearbeitung der Jurisprudenz heranzugehen und das Griechische, das sie nicht verstanden, mit einem einfachen „non leguntur" abzufertigen. Der Gedanke, daß solche Menschen eine Tradition hätten hervorrufen, daß durch sie, allein durch die Länge der Zeit, während welcher sie die Rechtswissenschaft beherrschten, auch nur eine einzige Stelle hätte in abusum gebracht werden können, war ihnen so unbegreiflich, daß sie ihn einfach absurd fanden; führen wir hier nur eine einzige, aber desto schlagendere Stelle aus Cuias an (aus seiner Zueignung des ersten Buches der Observationes et emendationes an Bartholomäus

Jaius, gegen Ende): Ceterum Emendationum titulus, quem huic loco praefiximus, vereor ne non plerisque displiceat, siquidem permulti sunt, quibus est religio, ex vulgata scriptura, etiam si manifesta urgeat ratio, quicquam immutandi, qua tamen in parte, plus equidem veritati tribuendum esse duxi, quam ullius opinioni, ne dicam illorum coecitati, qui, nascentem solem ne intueantur, oculis quodammodo manus obiiciunt maluntque tenebras noctis praeteritae subsequi, quam orientis diei lumine perfrui.

In innigem Zusammenhang mit alledem steht das plötzliche Auftauchen einer Menge von neuen Ausgaben des Corpus iuris. Dieselben beginnen mit der unseres Haloander; seitdem ist die Autorität der vulgata dahin, die litera Bononiensis kann sich diesem Sturm gegenüber nicht halten; von den neuen Editionen jedoch vermag keine ein solches Uebergewicht zu erringen, daß ihr allein die Herrschaft zufiele. In allen jenen Ausgaben nun werden die neugefundenen Gesetze an ihren Ort eingerückt und die Novellen statt in Collationen wieder nach ihrer natürlichen Reihenfolge, glossirte und unglossirte durcheinandergemischt, mitgetheilt.

Selbstverständlich jedoch konnte sich ein so gewaltiger Umschwung nicht vollziehen, ohne daß eine Menge von Gegnern hervorgetreten wären; auf solche weist denn auch die Stelle des Cuias, welche wir eben citirten, deutlich hin. Es sind dies theils solche, welche, in der Bewegung stehend, sich derselben widersetzten, theils solche, welche, außerhalb derselben befindlich, einfach ihr gegenüber die Augen schließen. Als Repräsentant der ersten Classe kann wohl dienen

§. 10.

Albericus Gentilis (Alb. Gent.). Wir haben im vorigen Paragraphen auseinanderzusetzen versucht, wie die ganze Anschauungsweise der französischen Juristen des 16. Jahrhs. sie zu einer Art der Rechtsbehandlung brachte, welche, gerade im Gegensatz zu unserem Canon, alle unglossirten Stellen, gleichviel, ob neugefundene oder alte, als gleichwerthig mit den übrigen betrachtete. Es ist daher von vornherein anzunehmen, daß jede Opposition gegen sie zugleich zu einer Opposition gegen jene Gleichstellung führen mußte; denn was hatte derjenige, welcher die jetzige Richtung angreifen wollte, für ein anderes Mittel, als sich auf die frühere zu stützen, das von ihr Geleistete rühmend hervorzuheben und die Ansichten ihrer Vertreter zu verfechten?

Während daher bisher die in den Fußspuren der Glossatoren wandelnden Juristen sich damit begnügt hatten, die meisten von diesen nicht behandelten Stellen auch nicht zu berühren, ohne dabei an den Mangel der Glosse als an einen Grund zu denken, ist es natürlich, daß sie jetzt durch den Gegensatz zu der neuen Bewegung darauf kommen, bewußt und kräftig die Autorität der Glosse anzurufen auch für diese Verhältnisse.

Und ein solches Vorgehen finden wir wirklich bei Alb. Gent. in seiner Dissertatio de libris iuris civilis (der Dissertatio II von drei Dissertationen, welche zusammen gedruckt sind als Editio nova, Helmestadii, bei Joh. Heitmuellerus, 1674, hinter Georgius Eberlinus, de Origine Juris, Plaviae Variscorum, bei Meysius, 1672). Ueber die zwei kleineren, unbedeutenden Pandektenstellen findet sich allerdings bei Besprechung der Digesten nichts bemerkt; dagegen heißt es in Cap. VI, welches vom Codex handelt (pag. 55 speziell pag. 56 gegen Ende), nachdem vorher über die restituirten Stellen gesprochen und schon manches Anderartige gegen ihre Autorität beigebracht ist: Et hoc habe, additarum constitutionum non adeo certam esse auctoritatem, quin non reiici possent aut ob hanc causam semper, quod ab usu pendet omnium istarum legum auctoritas nunc atque apocryphae nondum receptae usu sunt, non citatae a doctoribus, non diu habitae in reliquarum corpore, vix cognitae . . . . . und dann pag. 59 zum Schluß: Tu tene semper, eas ius esse, quas usus suscepit et adprobavit longus. Soviel über den Codex; noch interessanter ist fast das ganze Cap. VIII, de nomine, numero, ordine Novellarum. Da dies Werk des Alb. Gent. nicht sehr verbreitet ist, so sehen wir uns genöthigt, auch hier wenigstens die bedeutendsten Stellen zu citiren (siehe übrigens auch H. pag. DCXCII). Communiter autem, sagt er pag. 90, i. e. quae glossatae habentur, eae sunt octo et nonaginta ..... Cuiacius imperitos, indociles, incredulos vocat, qui volunt, ius esse solum primas illas panculas. Aber er selbst meint: In ius autem non acciperem nisi illas nonaginta octo, quoniam hae leges non tenent nos aliter quam quia receptae sunt usu ..... Da auch die Gesetze der übrigen Kaiser uns nicht verpflichten .. non eae nos teneant igitur, vel ipsius Novellae certae Justiniani, quae usu receptae non sunt adhuc ... Et receptas dixi solas illas glossas. Nec nego ego tamen, invalescere etiam autoritatem aliarum ..... Etiam distinguendum de illis videtur, quae exstant solum Latinae et glossatae ius sint, quoniam usu receptae sunt. Diu observata lex autoritatem iam tenet; item glossata per doctorem famosum ..... Quod si Latinae istae nec glossatae sunt, eaedem nec ius sint; sive sunt ex epitoma Juliani, sive aliunde.

Zum ersten Male tritt uns an dieser Stelle in deutliche Worte gefaßt die Behauptung entgegen, nur die glossirten Stellen seien positiv Recht; sowohl vom Codex wie von den Novellen heißt es, gültig seien nur die vom usus bestätigten leges, die von der Glosse und den Doctoren nicht anerkannten seien aber nicht in usu. Ein Schriftsteller, bei welchem wir den unserem Spruche zu Grunde liegenden Gedanken so deutlich ausgesprochen finden, bei welchem wir denselben ferner zuerst ausgesprochen finden, verdient es wohl, daß wir zunächst einmal auf ihn selbst, seine Stellung und seine allgemeinen Ansichten etwas näher eingehen.

Alb. Gent. lebte in der zweiten Hälfte des 16. Jahrhs.,

wahrscheinlich von gegen 1550 bis 1610 oder 11*). Er ist Italiener und gehört zu jener Klasse von wandernden Italienischen Juristen, die man um diese Zeit in allen Ländern, hauptsächlich aber in Deutschland, trifft. Dieselben stehen meist ganz auf dem Standpunkt der damaligen Italienischen Praktiker, von welchen später noch ausführlicher zu handeln ist, nämlich dem einer Fortsetzung der Rechtsanschauung und Behandlung der Commentatoren, unbekümmert um die in Frankreich sich vollziehende Umwälzung. Auf diesem Grund und Boden ist denn auch Alb. Gent. aufgewachsen. Auch er ist auf Italienische Weise herangebildet, die Glossatoren und fast noch mehr, weil ihm bekannter, die Commentatoren, sind seine Leitsterne; aus ihrer Lektüre hat er sich dialektische Gewandtheit geholt und Kenntniß der nächstliegenden Rechtsgeschichte, welche damals gegen die ältere in Frankreich völlig vernachlässigt wurde. Nun kam aber Gent. durch seine Reisen, seinen Aufenthalt in Frankreich u. s. w. mit der neuen Richtung in eine Berührung, deren Folgen an ihm deutlich zu bemerken sind. Insofern verhält er sich ähnlich wie Alciat, der auch noch theilweise in der Anschauungsweise der Commentatoren wurzelt und andererseits an der Bewegung seiner Zeit Theil nimmt; doch sind beide Männer grundverschieden darin, daß Alciat sich dieser neuen Richtung entschieden anschließt, während Alb. Gent. sich gegen dieselbe stemmt. Nur unwillkürlich und in Folge der Atmosphäre, in welcher er athmet, nimmt letzterer eine gewisse humanistische Bildung, die Formen der Französischen Schule an; auch versteht er Griechisch und benutzt es häufig; innerlich aber bleibt er auf seinem früheren Standpunkte stehen und verwerthet diese Kenntnisse nur, um die neue Schule desto lebhafter anzugreifen. In solchen Angriffen nun fühlt er sich außerdem auch als Italiener

*) Für diese, wie für alle anderen Jahreszahlen, kann ich keine Bürgschaft übernehmen, da wir für diese Zeit (bis in die modernen Zeiten herein) kein ganz zuverlässiges Werk besitzen; mir fehlte zu eigener Erforschung natürlich die Zeit.

den Franzosen gegenüber; „nostri“ nennt er die Doctoren und Commentatoren, auf deren ungeheure, schweinslederne Bände er mit Stolz hinweist, während es Sitte der Zeit ist, sich über dieselben lustig zu machen. Alle diese Betrachtungen, die Vertheidigung des alten Systems gegen das neue, hat er niedergelegt in seinen Dialogi sex de veteribus iuris interpretibus. Dieselben sind eine Anklageschrift gegen den Humanismus in der Jurisprudenz. Sie gipfeln darin, daß man mit der Kenntniß des R. R.s viel zu viel zu thun habe, wenn man etwas Tüchtiges darin leisten wolle, um außerdem noch Anderes studiren zu können; daß also jede auf andere Beschäftigungen verwandte Zeit zum Studium der Jurisprudenz unfähig mache. Eine andere Zuthat möge an sich ganz hübsch und gut sein, sie mache jedoch das Studium unmöglich und sei deßhalb schlecht. Nöthig aber zur Kenntniß des Rechts seien weder das Griechische noch die Alterthumswissenschaft; dies bestrebt er sich nachzuweisen, indem er eine Reihe von Stellen, von welchen seine Gegner behaupten, sie seien ohne humanistische Bildung nicht zu erklären, auch ohne diese zu interpretiren sucht. Ganz auf dieselbe Weise vertheidigt er die Commentatoren gegen den Vorwurf, ihre Werke seien barbarisch geschrieben. Erstens nämlich liege die Schuld an ihrem Zeitalter und verschlüge ihre Schreibweise auch wenig, wenn sie in derselben nur juristisch Ausgezeichnetes geleistet hätten. Zweitens aber müßten wir ihnen eher dankbar sein, daß sie ihre Zeit lieber ganz zum Studium des Rechts und zur Abfassung großer Rechtswerke, als zum Studium des Humanismus und der feineren Stylisirung kleinerer Rechtswerke verwendet hätten. Und so kommt er denn zu dem Schlusse, die früheren Juristen seien denjenigen des neuen Systems bei Weitem überlegen.

Aus diesen Ausführungen ergibt sich ziemlich klar das Wesen des Mannes. Von der tieferen Bedeutung der Französischen Methode hat er gar keinen Begriff, er sieht nur ihr Aeußeres und besonders scharf in diesem wieder den allerdings bisweilen kaum zu verkennenden Fehler des übertriebenen Antikisirens; diesen greift er auf, vergrößert ihn und weiß dann von ihm ausgehend seine Sache mit den verwickelten Künsten der Dialektik zu führen, welche ihm die alte Italienische Schule an die Hand gibt.

In allen jenen Eigenschaften ist Alb. Gent. ein Bild des der Theorie feindlich gegenüberstehenden Praktikers. Er gehört zu den Leuten, die bei jeder wissenschaftlichen Forschung, bei jeder tieferen Untersuchung sofort bei der Hand sind mit der Frage: hat das denn auch an und für sich sogleich und unmittelbar praktischen Werth? Ebenso ist er wie alle Praktiker ein laudator temporis acti, tief durchdrungen von der Macht der Zeit und des longus usus, einer Macht, die allerdings, wenn schon in allen menschlichen Dingen höchst bedeutsam, so erst recht in juristischen nicht zu unterschätzen ist; wirklich ist denn auch die Gewohnheit eine der stärksten Stützen, welche ihm dient im Kampf zur Aufrechterhaltung der Autorität der Glosse.

Es mag für jene Richtung des Alb. Gent. sein langer Aufenthalt in England nicht ganz ohne Bedeutung gewesen sein; bisweilen will es uns bedünken, als käme in seiner Auffassung neben Italienischem Sinn für Autorität und anerzogener Verehrung für die Commentatoren ein spezifisch Englischer Zug in der Achtung vor allem Positiven und im Lauf der Zeit Gewordenen zum Vorschein.

Ein Hauptpunkt des Anstoßes mußte nun natürlich einem solchen Manne die kritische Thätigkeit des damaligen Zeitalters sein. Waren alle jene neugefundenen Stellen verwendbar, waren jene Verbesserungen des Textes ein Fortschritt, so war damit auch der ungeheure Nutzen der modernen Richtung dargethan. Daher wendet sich Alb. Gent. mit ganzer Macht gegen alle Neuerungen, insofern sie Einführungen neuer Gesetze in das Corpus iuris bezwecken. Hier ganz besonders findet er im usus einen mächtigen Streitgenossen, dessen er denn auch fortwährend sich zu bedienen nicht verfehlt, wie die oben citirten

Stellen beweisen. Und eigentlich von Grund des Herzens aus mißbilligt er auch jede kritische Textverbesserung. Zunächst erklärt er in Cap. VIII der oben angeführten Dissertatio unter der Ueberschrift de veteri Novellarum versione das Authenticum den vielen Angriffen gegenüber, welche es in dieser Zeit erfuhr, für höchst bedeutsam. Dixi, sagt er, versionem Novellarum veterem dici Authenticam, quae tamen non est lex, etsi ea etiam tenenda in dubio est: quoniam usu recepta est. Dann geht er zu der Frage über, was mit den neugefundenen Griechischen Texten der Novellen zu machen, wie weit dieselben zur Correctur jener alten versio zu verwenden seien. Bei diesen Untersuchungen wendet er sich offenbar in komplicirten Schlingungen und Drehungen um seine innere Ueberzeugung herum, man dürfe sich eigentlich um diese neuen Texte gar nicht kümmern. Man sieht, daß er sich alleinstehend in dieser Ansicht fühlt, so daß er sie kaum zu äußern wagt. Nachdem er sie jedoch, ohne sie zu formuliren, wenigstens in etwa begründet hat, fährt er fort: Quia tamen mea haec opinio non facile obtineret de non recurrendo ad fontem Graecum Novellarum, age, de isto recursu perficiamus exponere; er gibt dann — und man sieht dabei immer, welche Ueberwindung es ihm kostet — zu, ganz geringe Verbesserungen des Wortausdrucks könne man allenfalls nach dem Griechischen Text vornehmen. Eigentlich wollte Alb. Gent. also die ganze hierhin bezügliche Thätigkeit der neuen Schule über den Haufen werfen, zuletzt aber beschränkt er sich darauf zu behaupten, es seien jedenfalls die unglossirten Gesetze ungültig, denn sie seien ja nicht durch den longus usus getragen, welcher letztere sich wieder auf die Glosse gründe. An dieser Behauptung, welche den Mangel der Glosse zum ersten Mal als entscheidend gegen die Gültigkeit einer Stelle hervorhebt, hält er aber nun auch fest. Daß es ihm dabei begegnet, von 98 glossirten Stellen zu sprechen statt von 96, dürfte von wenig Belang sein; offenbar hat er vergessen von jener bekannten Anzahl der in den neun Collationen enthaltenen

Novellen die zwei darunter befindlichen unglossirten abzuziehen; nicht aber kann man daraus folgern, er habe diese etwa für gültig gehalten, da er doch ausdrücklich sagt: Quodsi Latinae istae nec glossatae sunt, eaedem nec ius sint.

Daß nun die Argumente, auf welche er sich stützt, nicht so geradezu verwerfliche sind, hat ja die Zeit bewiesen, indem sie die von ihm verfochtene Ansicht zum Siege gebracht hat. Doch müssen wir hierbei bedenken, daß, was auf Deutschem Boden nicht zu bezweifeln gewesen wäre, nämlich, daß die neugefundenen Stellen nur durch eine neue Reception Recht werden konnten, anderswo denn doch keineswegs so klar lag. Jedenfalls aber charakterisirt es auch wieder Cuias und seine Anhänger als etwas einseitige Theoretiker, wenn sie die denn doch immerhin nicht unbedeutenden Gründe gegen ihre Ansicht einfach damit niederwerfen wollen, daß sie die betr. Autoren indociles, increduli, ja caeci nennen. Wir stehen hier vor einem scharf ausgeprägten, aber wohlbegründeten Gegensatz; die Theorie, völlig umgestaltet und von einem neuen Geist beseelt, erklärt alle Stellen des Corpus iuris, alte wie neugefundene, glossirte wie unglossirte, für gültig; die Praxis hingegen, gestützt auf den longus usus und die alte Anschauungsweise, stellt, im bewußten Widerspruche hierzu nnd gerade durch jene theoretische Anschauung veranlaßt, hier zum ersten Male den Satz auf, nur die glossirten Stellen seien gültig.

Allerdings scheint Alb. Gent. auf den ersten Blick ziemlich vereinzelt dazustehen; ist doch sein eigener Bruder, Scipio Gentilis, nicht ganz derselben Ansicht. Derselbe beruft sich vielmehr in seiner Abhandlung de donationibus inter virum et uxorem (Buch III cap. XXXIX; in seine Opera omnia, Neapoli bei Gravier 1764, im dritten Bande pag. 458 oben) auf die unglossirte Novelle 162 zur Entscheidung einer Controverse, allerdings mit folgendem Zusatz: Postremo illud nullo modo dissimulare possum, dictam Novellam 162 non videri a veteribus interpretibus vel cognitam vel agnitam; aut certe non eandem fuisse eius et aliarum quarundam Novellarum auctoritatem. Dico eas Novellas, quae in decimam collationem ab Antonio Contio coniectae sunt nam antea novem tantum fuere .... In usu quidem non fuisse vel ex Accursii glossis adparet quae desinunt in nona collatione, item ex eo, quod in tam nobili quaestione . . . nullam unquam mentionem dictae Novellae fieri videam. Wir sehen daraus, daß selbst Scipio Gent. sich in dieser Frage sehr schwankend und zweifelnd verhielt; er führt die Novelle an und benutzt sie, gibt dann aber wieder zu, sie sei nicht in usu. Und dennoch ist dies die einzige Stelle, welche Alb. Gent. für sich anzuführen findet: gewiß ein beredtes Zeugniß dafür, wie allein er in dieser Frage dasteht.

Dennoch ist dies nur scheinbar. Schon daraus, daß Cuias in der citirten Stelle davon spricht, es könne der Titel seines Buches plerisque mißfallen, läßt sich entnehmen, daß es auch in Frankreich viele Gegner des neuen Systems gab, offenbar Juristen dritten und vierten Ranges, die heute verschollen und vergessen sind; nicht so ergangen ist es aber den Italienischen Juristen jener Zeit. Diese haben sich allerdings nicht wie Alb. Gent. der französischen Bewegung ausdrücklich widersetzt, aber doch Opposition gegen dieselbe gemacht, indem sie sie ganz ignorirten.

Ehe wir jedoch, um diese zu betrachten, von Alb. Gent. scheiden, wollen wir noch einen in jenen citirten Stellen enthaltenen Satz näher erläutern. War er nämlich ein Feind der neuen Richtung, so konnte er doch seine Augen der Thatsache nicht verschließen, daß sie die herrschende war; und vor dem positiv Existirenden Achtung zu haben ist eine seiner Haupteigenschaften. Da ist es nun sehr interessant, wie er sich auch hier konsequent bleibt. Nec nego ego tamen, sagt er, invalescere etiam autoritatem aliarum. Er berührt damit eine Möglichkeit, vor welcher er sich beugen muß und welche auch wir noch häufig in Betracht zu ziehen haben werden. Allerdings sind nach seiner Ansicht die unglossirten Stellen damals ungültig; aber so wie sie eben deshalb ungültig sind, weil kein usus für sie spricht, so können sie auch durch diesen gültig werden; und den Anfang eines solchen in Frankreich muß Alb. Gent. anerkennen.

Wenden wir uns jetzt, ehe wir den Einfluß der Französischen Schule und ihres großen Gegners auf Deutschland untersuchen, den Landsleuten des letzteren zu, um dann das Wirken beider Richtungen auf uns zusammen studiren zu können.

§. 11.

Italienische Praktiker des 16. Jahrhunderts.

Es wird in diesem Paragraphen unsere Aufgabe sein müssen, zu erforschen, ob die Italienischen Praktiker die neu aufgefundenen Stellen anerkannten oder auch nur kannten; zugleich wollen wir nebenbei zusehen, wie sich dieselben den schon früher bekannten, unglossirten Stellen gegenüber verhalten. Da wir also hier wieder eine ähnliche Untersuchung wie in § 5 anstellen müssen, nämlich über das Verhalten gewisser Juristen zu gewissen Stellen, so kommen hier dieselben Prinzipien wie in § 5 zur Anwendung. Da aber die Werke der betr. Juristen hauptsächlich Consilien- oder Responsensammlungen sind, so müssen wir vor allem den Weg des § 5 Nr. 2 (siehe pag. 16) einschlagen: Wir suchen aus den unglossirten Stellen — jetzt den neugefundenen, da es sich hauptsächlich um diese handelt — solche aus, welche früherem Recht derogiren und sehen dann, welches Recht in jenen Consilien 2c. bei Beantwortung der unter jene Gesetze gehörigen Fälle zur Anwendung kommt. Indem wir nun derartige Stellen zum Prüfstein nehmen, entgehen wir zugleich einem Einwurf, den schon Zepernick seinem Gegner Menken macht, als dieser gegen ihn anführt, bei einigen Urtheilen des Reichskammergerichts seien unglossirte Stellen citirt. Er meint nämlich, dieselben könnten ja etwa nur zur Bekräftigung und Erläuterung anderer glossirter Gesetze hingesetzt sein, so daß für ihre eigene Gültigkeit durchaus nichts folge. Arbeiten wir hingegen mit Stellen, welche dem übrigen Rechte widersprechen, so kann uns eine solche Einwendung nicht entgegengesetzt werden.

Verfahren wir nach diesem Prinzip, so bieten sich uns zur Benutzung hauptsächlich Novellen, während die restituirten Stellen des Codex sich weniger zu derartigem Gebrauche qualifiziren. Am besten geeignet, uns zu dienen, scheinen mir folgende Novellen zu sein:

Nov. 135, enthält Verfügungen über die bonorum cessio, welche großentheils neu sind (siehe tit. D. 42, 3).

Nov. 138, handelt über das duplum bei usurae, ihr gleich Nov. 121; heben eine Codexstelle auf, werden aber in der Zeit, von welcher wir jetzt handeln, als allen Begriffen derselben widersprechend, nicht zur Anwendung gebracht werden; werden in späteren Zeiten wichtig.

Nov. 140, handelt de divortiis, hebt auf die glossirte Nov. 117 cap. X. — Es gilt wegen ihres durchaus unpraktischen Inhaltes dasselbe wie bei Nov. 138.

Nov. 162, handelt de donationibus inter virum et uxorem (de do. in. vi. et ux.). Wir haben dieselbe bereits bei Scipio Gent. erwähnt. Sie erkennt eine solche donatio als morte alterius partis confirmata an, auch wenn keine traditio rei zwischen den Ehegatten stattgehabt hat, nicht einmal eine traditio ficta, und hebt damit auf l. 23 D. h. t. 24, 1.

Wenn sich so unsere Beweisführung hauptsächlich auf Novellen stützen muß, werden wir doch gelegentlich auch einige Codexstellen in Betracht zu ziehen nicht verfehlen.

Außer jenem Mittel haben wir nun gerade für diesen Theil unserer Untersuchung noch ein anderes an der Hand. Der Umstand nämlich, ob ein Schriftsteller die neuen Stellen kennt und für gültig hält, läßt sich zugleich nach seiner ganzen Stellung zu der neuen Französischen Schule entscheiden; wir können also schon aus der ganzen Art und Weise, aus der

Citir-Methode, aus der Sprache des betr. Juristen ziemlich sichere Schlüsse ziehen.

Und da läßt sich sofort sagen, daß wir nach der ganzen Stellung der damaligen Italienischen Juristen nur ein völlig negatives Verhalten derselben den neuen Stellen gegenüber erwarten können. Sie sind blos Nachtreter der Commentatoren; ihre Werke sind in demselben barbarischen Styl geschrieben, ihre Consilien sind mit derselben oder womöglich noch größerer Weitschweifigkeit abgefaßt; die Betrachtungsweise ist die alte dialektisch verknöcherte und rabulistische Casuistik; sie citiren die Novellen weiter als Authentiken; kurz, sie wandeln ängstlich genau in den Fußstapfen der Postglossatoren. Wenn es v. Savigny im Cap. 59 seiner Geschichte des R. R.s im Mittelalter gelingt, eine ganze Reihe von Italienern als „Vorboten einer neuen Schule" zu citiren, so sehen wir doch nicht, daß diese in Italien selbst zu weiterer Entwickelung außer bei Alciat angeregt hätten. Das Merkwürdigste dabei aber ist, daß diese Italiener nicht einmal gegen das neue System Front machen. Sie ignoriren dasselbe vielmehr vollständig; liest man ihre Ausführungen und Deduktionen — eine wahrlich nicht sehr ergötzliche Lektüre — so könnte man glauben, die ganze Bewegung des 16. Jahrh. existire nicht, oder die Alpen zwischen Frankreich und Italien seien noch nie von einem Juristen überschritten worden. Eben darum scheint Alb. Gent. allein dazustehen, weil seine gleichgesinnten Landsleute, statt mit ihm das neue System anzugreifen, es einfach ignorirten. Es drängt sich nun natürlich die Frage auf, ob sie wirklich gar nichts davon wußten; oder ob ihnen so jedes Verständniß mangelte, daß sie es nicht begriffen und darum nicht davon sprachen; oder ob es eine bewußte Taktik des Todtschweigens war, welche sie ausübten. Ich muß gestehen, daß mir letzteres, so unwahrscheinlich auch die beiden ersten Annahmen erscheinen, kaum glaublich dünkt. Wer die Werke jener Leute gelesen hat, der wird ihnen eher die krassseste Ignoranz dessen was um sie vorgeht, einen absoluten Mangel des Verständnisses für neue Begriffe zulegen, als eine konstante mala fides bei ihnen voraussetzen. Dem widerspricht auch, daß man sonst doch wohl wenigstens einige Stellen finden müßte, welche sich mit den Neuerungen beschäftigen (siehe jedoch eine einzige der Art pag. 68); denn wo eine solche Menge von Gelehrten und Praktikern, wie damals in Italien, schriftstellern, da ist es kaum denkbar, daß nicht einmal der eine oder der andere jene stillschweigend ausgegebene Parole hätte verletzen sollen. Jene beiden andern Gründe aber mögen wohl theilweise ineinander gewirkt haben.

Gehen wir jetzt dazu über, aus der unendlichen Zahl der damaligen Autoren einige herauszugreifen und bei ihnen einzeln zu zeigen, wie sie sich den neuen Stellen gegenüber verhielten. Zugleich aber wollen wir die Gelegenheit benutzen, um darzuthun, daß sie in Bezug auf die alten unglossirten Stellen genau bei der Tradition der Postglossatoren bleiben Beginnen wir mit:

Franciscus Bursatus, Mantuanus, dessen Consilien in Frankfurt a. M. 1574 gesammelt erschienen. Da heißt es in lib. II cons. 189, § 8: Donationes (in. vi. et ux.) morte tamen donatoris, praecedente aliqua traditione, etiam ficta, confirmantur. Er kannte also nicht oder hielt für ungültig, was uns ziemlich einerlei ist, die Nov. 162; dagegen hält er die lex „alearum" wohl für anwendbar, wie beweist lib. I cons. 116 § 1 gegen Ende, wo unter den den ludus aleae quaestus causa verbietenden Stellen citirt wird: in auth. alearum C de religiosis et sumptibus funerum, praesertim cum in eo ut plurimum delictum blasphemiae interveniret. Charakteristisch ist hier die Hervorhebung des im Gesetze selbst nur im Vorübergehen erwähnten Motives der blasphemia. Es war dies offenbar ein Argument, welches den damaligen Italienischen Autoren vorzüglich einleuchtete, und da wir nun im Allgemeinen sehen, daß sie in sklavischem Anschluß an den Text oder die Doctores zu verfahren pflegen, so können wir wohl sagen, daß, wo das Wort blasphemia bei

Besprechung der Nachtheile des Spiels von ihnen erwähnt wird, jene Stelle anklingt. So läßt sich mit ziemlicher Sicherheit annehmen, daß

Vincentius Caroccius, Tudertinus, lebend gegen 1580, jene Stelle kannte, indem uns folgender Satz als Beweis dient: Imo et ludus, in quo ingenium et fortuna versatur, pront est ludus pilae, est prohibitus, si non fiat recreationis gratia, sed lucri et tractatur de non modica quantitate pecuniarum etiam inter divites, cum periculo blasphemiae. (In der Ausgabe Frankfurt a. M. 1602 in cons. 32 Nr. 25.) Siehe übrigens noch Caccialup. de ludo, quaestio 9; Corrad. de offic. praet. in crimin. C. 9 § 3 de lusor., Nr. 9; Troil. Malmet. de sortibus part. 2 Nr. 5, 6, 23 u. 25; Steph. Costa, de ludo, artic. 7, Nr. 6. — Aehnliches finden wir bei:

D. J. Cephalus, Ferrariensis, gestorben gegen 1576, in seinen Consilia, Frankfurt 1579, cons. 494 Nr. 27; auch er hält für die confirmatio der donatio die doni datio für nothwendig. Interessant ist es, daß dieser Schriftsteller wieder einen Satz aufführt, den auch Alex. ab Imola und Jason haben, wie wir dies in § 5 (siehe pag. 15) erwähnt haben. Auch er sagt nämlich cons. 429 Nr. 19: Et glossa sufficit pro textu, ubi textus non reperitur, ut hic. Diese Aussprüche sind ja noch sehr weit von unserem Canon entfernt; es ist etwas ganz Anderes zu sagen, die Glosse habe Gesetzes-Autorität, als zu behaupten, ihr Mangel nehme dem Gesetze seine Autorität; doch mag es immerhin gestattet sein, dieselben zu erwähnen deshalb, weil es die ersten Verbindungen der Worte glossa und textus sind, welche ich entdecken konnte; ganz unmöglich ist es ja nicht, daß die formale Ausbildung des Canon wenigstens durch einen gewissen Anklang damit zusammenhängen könnte. Wenden wir uns jetzt zu

Franciscus de Claperiis, Centuriae causarum decisarum, Lugduni 1589; er handelt in causa 19, quaestio unica, darüber, qui bonis cedere possint etc., ohne dabei der betr. Novelle zu erwähnen. Derselbe citirt in seinem Tractatus de imperio et iurisdictione, concl. 4, Nr. 8 die l. fin. C. quando liceat unicuique sine iudice etc. 3, 4, ohne dabei die gleiche Verfügungen treffende l. 4b C. ad legem Corneliam de sicariis anzuführen.

Aymon Cravetta, Consilia, Frankfurt 1605 (gestorben 1569), fordert ebenfalls traditio, wenn auch nur ficta, zur Confirmation der do. in. vi. et ux.; siehe lib. III, cons. 442, 20 und 443; vergl. auch lib. I cons. 181, 1. — Derselben Ansicht ist

Matthäus Brunus, Ariminensis, Consilia, Venet. 1582 cons. 41 Nr. 6, wo zum Beweise angeführt wird die Glosse in le. secundam C. de dote cauta non numerata. Ebenso

Joannes Botta, Cremonensis, Consilia, Venet. 1582: Donatore remanente in possessione rei donatae, praesumitur donatio simulata et sic nulla (cons. 59 Nr. 38). — Ferner

Joannes de Revizanis, Astensis, cons. 8, Nr. 51: Simulata donatio non valet. — Dann

Alexander de Nevo, Vicentinus, Venet. 1560, Band 3, cons. 131 Nr. 7; wir können von ihm Kenntniß des tit. C. 3, 43 annehmen, da er, von einem lusor sprechend, dessen Tüchtigkeit als Zeuge fraglich ist, damit die Bezeichnung blasphemator in Verbindung bringt (Band 1, cons. 2 Nr. 10). Derselbe erwähnt bei einer längeren Auseinandersetzung über das homicidium und die dabei in Betracht kommenden Schuldmomente nicht der hierhin gehörenden lex restituta 4b C. IX, 16. — Fügen wir endlich noch hinzu, daß auch

Gerardus Mazollus de Lcazaris, obgleich er in Band 1 cons. 77 Nr. 11 ff. seiner Consilia, Venet. 1575, vom homicidium sogar speziell unter der Annahme handelt, es geschehe der defensio halber, jene wichtige Stelle nicht anführt und gehen wir dann zum Schlusse über auf den bedeutendsten und einflußreichsten Italienischen Praktiker jener Zeit, nämlich auf

Julius Clarus, Mediolanensis, lebte 1525—75; derselbe ist nicht etwa geistig ein besonders hervorragender Vertreter dieser Schule, sondern hat nur durch eine Reihe von äußeren Umständen und eine etwas größere Gewandtheit den ersten Platz erobert. Es wird daher auch zu erwarten sein, daß er auf demselben Boden steht, wie die übrigen hier besprochenen Autoren; dies wird uns denn auch durch folgende Stelle bestätigt: Sed hoc intellige, ut procedat (sc. donatio) dummodo ante mortem mariti intervenerit tratitio vera vel ficta et sic aliquid, quod fungatur vice traditionis; alias vero, si intervenisset sola promissio, non confirmaretur morte. (Lib. IV seiner Receptarum Sententiarum, Opera Omnia, Cap. Donatio, quaest. 9, § 6.) In Lib. V, Cap. Homicidium § 24 ff. behandelt derselbe die Excusationes homicidii; besonders wird hervorgehoben als solche der Zweck des se defendere; § 33 untersucht, wie der Zustand der Nothwehr bewiesen werden könne. Darin wird gesagt, es genüge probare, quod eius adversarius veniebat armatus contra ipsum; dies wird dann weitläufig begründet, ohne daß der so bequemen und naheliegenden l. 4^b C. 9, 16 Erwähnung geschähe. So hat Clarus, obgleich gerade als Criminalist am bedeutendsten, auch auf diesem Gebiete die neugefundenen Stellen anzuwenden nicht einmal den Gedanken gehabt, wenn er sie überhaupt nur kannte. Dagegen verhält er sich bei dem Titel C. 3, 43, gerade wie seine Vorgänger, anerkennend. In lib. 5, Cap. lusus führt er sofort im Eingange für die Unerlaubtheit des Spiels als Beweis an die lex „alearum usus" C. de religiosis et sumptibus funerum. Dann heißt es weiter in § 2, bei einem erlaubten Spiel non licet ludere ultra unum solidum, ut est textus in dicta l. „alearum". Bene verum est quod in hoc videtur derogatum a consuetudine dispositioni legis, ut nonnulli attestantur; folgen einige Citate.

Wir sehen somit, daß es nicht zuviel gesagt war, wenn

wir behaupteten, diese Juristen schrieben, als gäbe es gar keine französische Schule jenseits der Alpen. Sie aber sowohl wie Alb. Gent. repräsentiren der Theorie der Franzosen gegenüber die auf Autoritätsglauben und Achtung vor dem Positiven gestützte Praxis. Gehen wir jetzt, nachdem wir so die nöthige Basis gewonnen haben, auf deutschen Boden über, um denselben nicht mehr zu verlassen, und sehen wir zu, wie jene beiden Richtungen dort zusammentreffen.

§ 12.

Lage und Entwickelung der deutschen Rechtswissenschaft.

Ein Grenz- und Merkstein für die Entwickelung des Rechts in Deutschland, ein gewaltiger Kämpe des Fortschritts und doch ruhig besonnener Vertreter eines richtig verstandenen Conservatismus eröffnet den Reigen der deutschen Juristen, Udalricus Zasius. Ihm verdanken wir es, daß neben Italien und Frankreich auch Deutschland unter den Ländern genannt wird, welche die Renaissance der Jurisprudenz eröffneten. Und wenn er auch zu früh lebte, um schon die Resultate der neuen Richtung in Deutschland einführen zu können, da die hervorragendsten Vertreter derselben erst nach ihm aufgetreten sind, so hat er ihnen doch den Weg geebnet, indem er eine Reihe tüchtiger Schüler heranbildete, wie Mynsinger und Fichard, auf die ich zurückkommen werde. Er hat hierdurch der geistigen Thätigkeit der tüchtigsten Juristen Deutschlands während des 16. und sogar während der ersten Hälfte des 17. Jahrhunderts die Richtung gewiesen.

Während also einerseits die französische Schule durch die Einwirkung des Zase sowie der humanistischen Richtung des Zeitalters in Deutschland Boden gewinnt und so eine ganze Reihe deutscher Theoretiker hervortreten, steht andererseits die Praxis fast ausschließlich unter dem Einfluß der spätitalienischen

Autoren. Es ist charakteristisch für den damaligen Zustand der Rechtswissenschaft in Deutschland, daß einzelne hervorragende Geister sich zur Höhe theoretisch-systematischer Betrachtung erheben, die andern dagegen auf so niedrigem Standpunkte stehen, daß sie diesen zu folgen nicht im Stande sind. Nur so erklärt sich die auffällige Erscheinung, daß wir in diesem Jahrhundert zugleich eine durch wissenschaftliches Streben nach innerlicher Erfassung des Stoffes ausgezeichnete Theorie und eine völlig flache und sterile Praxis nebeneinanderstehend finden.

Natürlich ist es, daß unter solchen Umständen die Italiener einen immensen Einfluß auf letztere gewannen. Erstens war man von Alters gewöhnt nach Italien zu schauen; man hatte von dort her das R. R. empfangen, man erblickte in seinen Juristen die Nachfolger so verehrter und als lumina iuris gepriesener Gelehrten, wie Azo, Accursius, Bartolus und Baldus; und so nahm man die Werke der modernen mit fast derselben religiösen Verehrung an, welche man vor denjenigen der alten überkommen hatte. Dann blieb aber auch den damaligen deutschen Praktikern kaum etwas Anderes übrig; die Franzosen und die französisch-humanistisch gebildeten Landsleute begriffen sie nicht; um selbstständig vorzugehen fehlte ihnen die nöthige Begabung sowie ganz besonders der nöthige Muth; sie mußten sich also wohl den Italienern anschließen.

Für diese Thatsache zeugt schon der Umstand, daß die Werke der damaligen, italienischen Juristen so eifrig in Deutschland nachgedruckt wurden. Blos die Bibliotheken zu Leipzig und Bonn benutzend, hatte ich Gelegenheit, folgende deutsche Ausgaben solcher Autoren zur Hand zu nehmen, wobei ich die im vorigen Paragraphen erwähnten nicht nochmals nennen möchte und deshalb die dortigen Angaben über Druckort rc. zu vergleichen bitte:

I. Leipzig.

Cornazzanus, Decisiones Rotae Lucensis, Frankfurt 1600.
Curtius iunior, Consilia, Spirae 1604 und Frankfurt 1624.
Decianus, Responsa, Frankfurt 1589/96.
Fabius de Anna, Controversiae forenses, Frankfurt 1600.
Fachinaeus, Consilia, Frankfurt 1600.
Fusarius, Consilia, Colon. Allobr., 1630.
Garratus, Mart., Consilia, Frankfurt 1575.
Loffredus, Sigismund, Consilia, Frankfurt 1573.
Ludovicus, Jos., Communes Conclusiones, Frankfurt 1599.
„ „ Decisiones, Frankfurt 1624.
Manentus, Consilia, Frankfurt 1612.
Marta, Consilia, Ag. Taur. 1628.
Mascardus, Communes Conclusiones, Frankfurt 1609.
Menochius, Consilia, 12 Bde. Frankfurt 1676.
Mohedanus, Decisiones Ro. Ro. Marburg 1662.
Natta, Consilia, Frankfurt 1588.
Fulvius Pacianus, Consilia, Aug. Vindelic. 1605.
Paponius, Consilia, Frankfurt 1594.
„ Decisiones, Frankfurt 1624.
Paulus Parisius, Consilia, 4 Bde., Frankfurt 1590.
M. A. Peregrinus, Consilia, Frankfurt 1600—1615.
„ Decisiones, Frankfurt 1713. (!!)
Ant. Quetta, Consilia, Frankfurt 1601.
Simon de Praetis, Consilia, Frankfurt 1605.
Surdus, J. Pet., Consilia, „ 1590.
„ Decisiones, „ 1610.
Thesaurus, Ant. et Franc., Decisiones, Hamburg 1608.
A. Trentacinquius, Practicae Observationes, Frankfurt 1610.
Thomas Trivisanus, Decisiones, Frankfurt 1595.
Franc. Vivius, Decisiones, Frankfurt 1597.

II. Bonn.

Farinacius, Decisiones Rotae Romanae, Leipzig 1612.
P. P. Parisius, Consilia, 4 Bde. Frankfurt 1590.

N. Bellonus, Consilio, Frankfurt 1573.
J. Gabriellus, Communes Conclusiones, Frankfurt 1597.
*A. Thesaurus, Consilia, Frankfurt 1576 u. 97.
Onuphrius, Card. Fuschi, Practicae Conclusiones, Frankfurt 1621 u. 23.
*A. Peregrinus, Decisiones, Spirae 1615.
*J. Surdus, Consilia, Frankfurt 1630.
* „ Decisiones. Frankfurt 1664.
*J. Franc. Bursatus, Consilia, Frankfurt 1594, 1601/10.
J. S. Balbus, Decisiones, Frankfurt 1573.

Ich füge noch folgende Werke hinzu, welche ich der von Stölzel in seinem Buch über die Aufnahme des R. R.s in Hessen gegebenen (im Anhang) Consilienliste entnehme:

P. A. Augustola, Placentinus, Frankfurt 1574.
Nicolaus Ballonus, Casalensis, Frankfurt 1571.
Alb. Brunus, Astensis, Frankfurt 1578.
Mandellus, Albensis, Frankfurt 1577.
Communes opiniones Ictorum, Frankfurt 1568/71.
Responsa Academiar. et Ictor., Frankfurt 1571.
Decisiones Neapolitanae, Frankfurt 1573.
Decisiones Rotae Romanae, Köln 1589.
Corpus decisionum cons. Neap. Frankfurt 1597.
„ „ „ „ Köln 1599.
Decisiones lucenses, florentinae et bononienses, Köln 1620.

Diese Listen wollen übrigens durchaus nicht vollständig sein; doch genügen sie, glaube ich, um einen Begriff von der Verbreitung der Werke Italienischer Juristen auch eines ganz untergeordneten Ranges in Deutschland nicht nur bis 1600, sondern sogar bis 1620—30 zu geben.

Wir haben also nebeneinander stehend in Deutschland eine Französische Theorie und eine Italienische Praxis; von beiden wird jetzt in Bezug auf unsern Gegenstand einzeln zu handeln sein.

---

*) Siehe auch oben.

§ 13.

Die Praktiker.

Ehe wir zur Besprechung der deutschen Praxis selbst übergehen, wollen wir die Bemerkung vorausschicken, daß von jetzt ab die Eintheilung der Stellen in commentirte und uncommentirte wohl die richtigste sein dürfte, da zu dieser Zeit der Unterschied zwischen den erst im 16. Jahrhundert gefundenen und den schon früher bekannten unglossirten Stellen unbedeutend wird und die von den Commentatoren nicht beachteten älteren Stellen ganz, wie wir sehen werden, das Loos der neueren theilen. Commentirt sind von unglossirten Gesetzen jene zwei oftgenannten Novellen und die lex alearum; uncommentirt sind alle andern unglossirten. Von ersteren ist wichtig eigentlich nur noch Eine. Es ist nämlich hervorzuheben, daß man nicht etwa aus dem Umstande, daß alle Schriftsteller der Zeit die Zahl der glossirten Novellen auf 98 angeben, also die beiden unglossirten, — faktisch sind nur 96 glossirt, — stillschweigend mit einbegreifen, schließen darf, diese beiden wären noch in usu gewesen; vielmehr hat man offenbar nur vergessen, sie von der bekannten Zahl 98 abzuziehen. Als commentirte unglossirte Stelle erübrigt demnach nur noch die lex alearum.

Die Praxis jener Zeit liegt uns vor in Consilien und Responsen nach Italienischem Muster. Dieselben sind gerade so stylisirt wie die Italienischen mit der einzigen Ausnahme, daß bisweilen in das barbarische Latein deutsche Sätze aufgenommen werden, besonders Verfügungen und dergleichen mehr, wo es sich um deutschrechtliche Institute handelt; sobald dieselben dann aber wieder juristisch behandelt werden sollen, schlägt die Sprache in's Lateinische um. Bisweilen wird das Resultat der Untersuchung dann noch in deutscher Sprache mitgetheilt. Trotzdem soll nicht geleugnet werden, daß selbst die deutschen Praktiker wenigstens etwas mehr humanistische Bildung als die Italiener haben, was sich z. B. darin zeigt, daß sie vielfach statt „Auth." bereits „Nov." citiren; doch sind diese Fortschritte mehr äußerer als tiefgreifender Natur.

Unter solchen Umständen kann natürlich auch von einer Anwendung der neuen Stellen nicht die Rede sein; in Bezug auf die von den Commentatoren behandelte unglossirte Stelle verhält man sich dagegen gerade so anerkennend, wie die Italiener. Wir beginnen die Aufzählung der Autoren, welche uns dies darthun sollen, mit dem bekanntesten der damaligen Praktiker, mit

And. Gaill, lebte 1525—87. Bei diesem findet sich nämlich in seinen Practicarum observationum libri duo, Colon Agr. 1621 pag. 360 Cons. 40, Num. 6 eine für seine Stellung den neuaufgefundenen Gesetzen gegenüber entscheidende Passage: Limitatur tamen, sagt er, ista communis opinio von der confirmatio der do. in. vi. et ux. per mortem subsequentem singulariter, ut non procedat nisi in vera et propria donatione, non autem in tacita et praesumpta donatione. Aehnlich wie Gaill urtheilt:

Matthias Coler, Decisiones Germaniae, Lips. 1603. Er lebte von 1532—87. Bei ihm wird nirgendwo aus der Menge der neuen Gesetze auch nur Eines angeführt; allerdings läßt sich ebensowenig eine negativ beweisende Stelle bei ihm finden. Die Autorität der lex alearum erkennt er völlig an, indem er schreibt: Ludus alearum de iure civili in totum est prohibitus (l. alearum I C. per tit. de aleae lusu), nisi fiat exercitii vel alicuius communis convivii causa, l. fin. in princ. D. d. tit. (Decisio 172, Num. 1 seq.) Wir sehen also diese lex mit einer Digestenstelle als gleichwerthig citirt. Weiter nenne ich

H. Schiurpff, Consilia 1545, cent. prima, Cons. 46 Num. 7; er schreibt: sufficit, etiam si quasi traditio intervenerit, secundum glo. in l. 2 C. de dote cauta non numerata; Bart. Bal. in dicta lege Papinianus (D. de do. in. vi. et ux.) Am weitesten zurück ist vielleicht noch

Virgilius Pinggiczer, 1541—1619, der sogar noch

nach Authentiken citirt; seine Beweise beruhen fast alle auf Bar., Bal., Alex., Dec. Daß er in seiner weitschweifigen Declamatio über Bal. der neuen Wendung in der Jurisprudenz gar keine Erwähnung thut, ist gewiß ein redender Beweis für seine Stellung. Aehnlich liegt die Sache bei

F. Pfeil, welcher gegen 1550 lebte. Aus seinen Consilia iuris, Magdeburg 1600, ist für die neuen Stellen direkt nichts nachzuweisen. Dagegen citirt er ohne weiteres in Band I Cons. 28. Num. 5 (pag. 49) die l. fin. alearum C. de aleae lusu et aleatoribus als gültig.

Hiemit wollen wir es bewenden lassen; um die Zeit nach 1600 wird die Frage verwickelter und es beginnen sich Spuren einer ganz neuen Bildung zu zeigen. Einstweilen haben wir hiermit für das 16. Jahrhundert wohl sattsam bewiesen, daß die deutsche Praxis ganz auf dem Standpunkte der Italiener steht, daß also die neugefundenen Stellen praktisch in Deutschland nicht recipirt worden sind, wie es auch Satz 2 der gewöhnlichen Meinung behauptet. Es liegen also die Dinge für die Praxis so:

Die alten unglossirten Stellen sind wegen ihrer Unbrauchbarkeit nicht recipirt, mit Ausnahme der lex alearum; die neugefundenen und deßhalb natürlich unglossirten Stellen sind ausnahmslos nicht recipirt. Läßt sich so einerseits im Allgemeinen behaupten, daß die unglossirten Stellen bei den Praktikern nicht gelten, so ist doch andererseits dies noch nie als Regel hervorgehoben worden.

Daraus läßt sich denn wohl auch nicht ohne Berechtigung schließen, daß das Werk des Alb. Gent. um jene Zeit bei den Praktikern wenig verbreitet war, wie wir es denn auch nie citirt finden; den Theoretikern hingegen erschien Alb. Gent. wieder zu sehr als Italiener und so dürfte er auch bei diesen wohl wenig Anklang gefunden haben (siehe pag. 6).

Ehe wir uns jedoch zu eben jenen Theoretikern wenden, wollen wir, da wir einmal die Entwickelung eines Satzes, der unserm Canon ähnlich klingt, in Italien verfolgt haben, nicht unterlassen zu bemerken, daß wir auch diesseits der Alpen wieder auf denselben treffen. Eine hierhin bezügliche Stelle findet sich bei

Nicolaus Everhardus, † 1532, in seiner Consilia, erschienen Aug. Vindelic. 1603, vol. I, cons. 3, num. 42, 43: Ideo illi glossae standum est, cum non habeat legem vel textum contrarium, quia glossa hoc casu est pro textu, ut inquit Corn. ad l. „sororem“ num. 6 C. de his, quibus ut indignis. Et ubi textus non invenitur, sufficit glossa, ut per Ant. de Praet, in tractatu de secundis nuptiis char. 8, column. 2, versu quinto et ultimo. Aehnlich spricht

Cl. Cantiuncula, welcher 1519 Professor in Basel war, in seinen Consilia sive Responsa, erschienen zu Cöln 1571. Da heißt es in cons. 11, num. 25: Secundum ob id dicta opinio amplectenda est, quo pro ea sunt tres glossae extraordinariae. . . . ., quae sufficerent pro textu, si non haberetur, ut ait Jason (citirt) allegans Imol. (citirt). Einen großen Werth auf diese Stellen zu legen haben wir keine Gründe; immerhin aber sind sie wohl kaum ohne eine gewisse Bedeutung.

Wir wenden uns jetzt zu den gleichzeitigen Theoretikern.

§ 14.

Die Theoretiker.

Es ist hier einleitend vorauszuschicken, daß wir uns bei dieser Besprechung nicht auf das 16. Jahrhundert beschränken können, sondern die Ausläufer der während desselben herrschenden Richtung, welche sich ungefähr bis zur Mitte des 17. Jahrhunderts erstrecken, mit hinzunehmen müssen. Bei der Besprechung der Praktiker hatten wir uns innerhalb des 16. Jahrhunderts zu halten, da in der ersten Hälfte des 17. die Anfänge einer ganz neu und eigenthümlich gestalteten, auf die Praxis sich stützenden Erscheinung, des usus modernus Pandectarum nämlich, auftreten. Wir verweisen diese daher in das dritte Kapitel, während die Theoretiker von 1500 — 1650 in so innigem Zusammenhang stehen, daß sie sich bei der Besprechung nicht trennen lassen.

Wie nun im Allgemeinen diese deutschen Theoretiker ganz den französischen folgen, so thun sie dies auch in Bezug auf die unglossirten Stellen. Weit entfernt, sich darum zu kümmern, ob eine bestimmte Stelle auch praktisch und positiv gültig sei, verfahren sie rein nach dem wissenschaftlichen Interesse. Die Beschäftigung dieser Männer nun mit dem Rechte war eine zweifache. Zunächst einmal, und dies war ihre eigentlich wissenschaftliche Thätigkeit, arbeiteten sie systematisch und in diesen Arbeiten können wir bei ihnen, weder bei Zasius noch bei Fichard und Mynsinger, den Umstand nicht erwähnt finden, daß der Mangel der Glosse von irgend welchem Einflusse sei; dies beweist aber in einer theoretischen Arbeit, daß sie auch wirklich ihn nicht als Mangel betrachteten. Die gesetzgeberische Thätigkeit jener Männer interessirt uns nicht, vielmehr liegt der andere Theil ihrer uns angehenden Leistungen auf dem Gebiet praktischer Rechtsgutachten, mit Gesuchen um welche damals anerkannt tüchtige Juristen förmlich überhäuft wnrden. Da ist es nun interessant, wie jene vortrefflichen Männer, sobald sie auf praktischem Boden sich bewegen, auch, den Anforderungen der Praxis Rechnung tragend, die unglossirten Stellen in ihren Consilien nicht beachten; es liegt darin im Gegensatz zu dem früher charakterisirten Uebermuth der Franzosen der Praxis gegenüber eine anerkennenswerthe Selbstbeschränkung, die Folge jener deutschen Ehrlichkeit, die unfähig ist, sich einer übertriebenen Consequenz zu Liebe über einmal Bestehendes hinwegzusetzen. So sagt z. B.

J. Mynsinger, der 1511—88 lebte, in seinen Observationum Imp. Camerae Centuriae VI, Helmestadii 1594, Cent. II, Obs. 33 Num. 3: daß die do. in. vi. et ux. durch Tod convalescire, sei nur dann wahr, si interveniat donatio (Hingabe) rei, vel quasi, ut tenet Bal. cons. 26 Lib. I.

Es ergibt sich demnach, daß die deutschen Theoretiker bis gegen das Jahr 1580 zu der Praxis in Bezug auf unsern

Gegenstand nicht grade in einen einschneidenden Gegensatz traten. Denn sahen sie einerseits bei ihren wissenschaftlichen Betrachtungen davon ab, ob eine Stelle in usu war oder nicht; so erkannten sie doch andererseits die Praxis, welche gewisse Stellen als ungültig behandelte, an. Dies ändert sich nun aber völlig um die Zeit nach 1583, d. h. nach dem Erscheinen der ersten Gothofredischen Ausgaben des Corpus iuris.

Es ist bekannt, wie diese Ausgaben sich so außerordentlich rasch eine fast unumschränkte Herrschaft eroberten und so mußte denn natürlich auch die Stellung, welche sie unserer Frage gegenüber einnahmen, eine entscheidende werden. Gothofred bringt aber bekanntlich sowohl die leges restitutae des Codex als sämmtliche Novellen in der seitdem üblichen Ordnung, nicht mehr nach Authentikern eingereiht und mit einer den Gebrauch der griechisch geschriebenen erleichternden lateinischen Uebersetzung; es mußte also mit der Verbreitung dieser Ausgaben auch die Kenntniß der unglossirten Stellen eine weit mehr verbreitete, ihre Beachtung eine häufigere werden. Gehen wir hiervon aus, so erklärt sich die Erscheinung, daß die Theoretiker nach 1590, die doch im Allgemeinen von ihren Vorgängern sich wenig unterscheiden, in Bezug gerade auf unsere Frage viel stärker für die Gültigkeit der uncommentirten Stellen sprechen, als die frühern. So ist es mir z. B. noch nicht gelungen bei

Wesenbecius, dessen Comm. in Codicem 1568 erschienen ist, schon unglossirte Stellen erwähnt zu finden, außer der bekannten lex „alearum", angeführt unter dem Titel Cod. 3, 43 de religiosis et sumptibus funerum et aleatoribus et aleae lusu; für ihre Besprechung verweist er auf seinen Pandekten-Commentar, in welchem er sie (Comm. in Pand., ad XI, 5 de aleatoribus) zweimal citirt und zwar als geltend.

Der erste hingegen, den wir als Beispiel für die neue Wendung zu nennen haben, ist sogar auffallender Weise kein Theoretiker, sondern ein Praktiker, nämlich

P. M. Wehner, geboren 1583. Dieser spricht in seinen

Consiliorum Franconicorum Decades XI Frankfurt 1616 von dem Bestand einer do. in. vi. et ux. und der confirmatio per mortem subsequentem in Cons. I Num. 9 ff.; da heißt es nun Num. 10, die Donation bleibe kräftig „auch soferne, daß die Rechtsgelehrten hierzu weder eine vorgehende Tradition noch Stipulation requiriren etiam in donatione propria; l. 33 ubi in princ. de donationibus, Nov. 162 cap. I, ubi Cuiac., Corasius lib. 15 miscell. cap. I, Bocer. de donationibus c. 3 num. 13. . . .“

Dieser Schriftsteller ist meines Wissens der erste in Deutschland, welcher eine neugefundene Novelle als praktisch und gültig citirt und zwar thut er es, was uns höchst merkwürdig scheint, im Grunde aber sehr natürlich ist, ohne eine Idee davon zu haben, daß darin etwas Besonderes liegt. Wie sollte er auch dazu gekommen sein, sich dies klar zu machen? Bisher hatte außer dem nicht sehr weit bekannten Alb. Gent. niemand ausdrücklich gesagt, die neuen Stellen seien ungültig; die Praktiker hatten theilweise nichts von ihnen gewußt, theilweise sie unbeachtet gelassen; Wehner kannte diese Novelle, konnte sie gerade gut brauchen, und wendet sie deshalb an. Ganz dieselbe, ich möchte sagen Naivetät in der Anwendung derartiger Gesetze finden wir bei allen andern Juristen dieser Periode. Daß ein Praktiker wie Wehner hier auf der Seite der Theorie steht, ist übrigens charakteristisch dafür, wie sehr die Stellung eines Schriftstellers zu unserer Frage von manchen zufälligen Umständen abhängig war, eine wie wenig feste Ansicht man sich darüber bildete; denn daß Wehner innerlich doch vielleicht mehr Theoretiker gewesen wäre, als die übrigen Consilien-Schreiber, läßt sich nach Lectüre seiner Werke nicht behaupten. Uebrigens ist Wehner der einzige hierhin gehörige Praktiker, dagegen findet sich jetzt eine ganze Reihe von Theoretikern und wir beginnen mit

C. Ritterhusius, † 1613, und seinem Werke Justiniani et aliorum quorundam Impp. Augg. Novellarum mixtarum expositio methodica. Editio secunda, Argentorati

1629, mit Vorrede vom Jahre 1609. Derselbe behandelt Nov. 135 in partis nonae Cap. XXX, de cessione bonorum, pag. 641, speziell § 2 und 3. Letzterer lautet: Mirari autem licet, cur ex hac Novella Irnerius nullam Authenticam retulerit in Codicem sub tit. qui bonis cedere possunt. Quod forassis ideo praetermisit, quia hoc ius suo iam aero in desuetudinem abierat et revocatum ius D. et C., ut non aliter quis posset carcerem et alia incommoda declinare, quam bonis cedendo. — Ebenso Nov. 138, Partis tertiae Cap. IX de ucuris in specie sic dictis; ad Novell. 121 et Novell. 138 et Novell. 160, pag. 175, speziell pag. 177 § 9. Sed iure Novellarum aliud cautum est. § 10. Cum igitur ea l. 10 per d. Novell. 121 et alteram 138 sit hodie abrogata . . . Ferner Nov. 140, Part. quartae Cap. VII de modis solvendi matrimonii; ad Novell. 22 cap. 4 cum multis seqq.; ad Nov. 117 cum Nov. 140, quae tamen est Justini secundi. Speziell sagt pag. 221 § 7: Quamvis Justinus secundus Nov. sua secunda, ut consensu matrimonium solvi possit, quae inter Novellas Justiniani relata est num. 140, abrogarit patris sui adoptivi constitutionem in Nov. 117 comprehensam . . . . Sed omissa hac Justini Novella ad Justinianum redeamus. — Endlich Nov. 162, Partis quintae Cap. XII, de do. in. vi. et ux., de Nov. 162, cap. I, pag. 277 ff. Die Novelle wird sehr ausführlich und als geltend besprochen, speziell Irnerius getadelt, daß er aus ihr keine Authentika ausgezogen habe (§ 7) und dies begründet quia haec Novella in veteri translatione Latina (quam ille secutus est) non extabat, sicut neque Julianus eam in sua epitome habet. — Wie wir sehen, stößt sich hier Ritterhusius gar nicht am Mangel der Glosse; wenn ihm eine Novelle nicht anwendbar erscheint, so sagt er dies, scheint sie ihm aber praktisch, so kümmert er sich um die Glosse durchaus nicht. Dies ist auch selbstverständlich; denn nur wer die Praxis ganz genau verfolgte, konnte wissen, daß sämmtliche unglossirten Stellen außer einer faktisch ungültig waren. Ritterhusius betrachtet demnach diese nicht recipirten Stellen als recipirt und beginnt so sie in Deutschland zu recipiren. Es tritt hier dieselbe Lage ein, welche Alb. Gent. als zu derselben Zeit in Frankreich vorhanden hat anerkennen müssen (siehe pag. 45); die neu gefundenen Stellen sind allerdings in Deutschland nicht aufgenommen, aber es beginnt eine Bewegung, darauf gerichtet, sie zur Geltung zu bringen. Diese Richtung findet eine weitere Stütze in

H. Giphanius, † 1604, in seiner Explanatio difficiliorum legum Codicis, Coloniae Plancianae 1614. Denn es liegt eine indirekte Anerkennung — nicht bei einem Praktiker, da diese in ihren Gründen, wenn sie nur durchschlagen, nicht sehr wählerisch sind, wohl aber bei einem Theoretiker — der Gültigkeit unglossirter Stellen darin, wenn er gegen eine von ihnen (ad l. 1. 2. C. de duobis reis 8. 40) besondere Gründe anführt; er sagt nämlich, die jetzige l. 1. C. tit. cit. sei ungültig, weil unächt und führt als Stützen für diese Unächtheit an Cuiaz und Anton Faber; übrigens ist schon die Erwähnung dieser Männer als Autoritäten charakteristisch. Es folgt auf Giphanius der Zeit nach

Petrus Gudelinus, Commentariorum de iure novissimo libri sex, Antwerpiae, ex officina H. Verdus, 1620. Obgleich Gudelinus Professor in Löwen war, glauben wir sein Werk doch für Deutschland verwerthen zu können, da diese Universität von jeher mit den Deutschen in lebhafter Beziehung stand und jenes Buch in Deutschland ziemlich verbreitet ist. Derselbe spricht von Nov. 135, in Lib. IV, cap. XVI, de executione rei indicatae, pag. 154, speciell pag. 187, al. 2: Amplius extat quaedam Justiniani constitutio novissima, ut nemo cogatur bonis cedere, dummodo iuret, se non esse solvendo .... Sed sciendum est hanc Justiniam constitutionem non esse usu receptam; eredo, ob id, quod sit una ex iis, quae interciderant et cognitae veteribus non fuerant, usque adeo collatae sunt a recentioribus in collationem decimam. — Nov. 138 (in Lib. III, cap. II, de contractibus, qui cum mutuo affinitatem habere videntur, usurarum et vedituum annuorum, pag. 87, speciell pag. 89 al. 3) wird ohne weiteres als gültig behandelt. Nov. 140 hingegen wird in dem betr. Kap. (Lib. I, cap. X, de divortiis aliisque modis, quibus nuptiae dissolvuntur) stillschweigend übergangen. Die Neuerung der Nov. 162 endlich wird unter Citation derselben ohne zweifelnde Bemerkung besprochen. (Lib. I, cap. VII, de dote et donatione propter Nuptias ac reliquis iuribus, quae ex conubio permanent., pag. 11, speziell pag. 13). Wir sehen aus alledem, daß Gudelinus den Mangel der Glosse nicht als Hinderniß betrachtet und ebenso wenig sich immer darum kümmert, ob eine Stelle gerade in usu ist, wenn sie ihm nur nicht unpraktisch erscheint. Ist dies aber der Fall, so legt er unverkennbar ein gewisses Gewicht auf das non in usu esse und das veteribus cognitam non esse. Dennoch gehört er seiner allgemeinen Auffassung nach in diese Gruppe. Eben hierhin ist zu rechnen

Matthias Stephani, † 1646, Commentarius in Novellas (Editio nova, accesserunt notae Joannis Brunnemanni, Lipsiae 1700), Vorrede zur ersten Auflage von 1630. Er bespricht die Novellen der Reihe nach und so kommt er denn auch zu Nov. 135 (pag. 695). Er handelt von derselben als geltend und die entgegengesetzten Regeln aufhebend. Die hinzugefügte Anmerkung des Brunnemannus gehört in die folgende Epoche (siehe pag. 123). Ferner werden Nov. 121 und 138 (pag. 707) besprochen; dabei wird Irnerius getadelt, daß er nicht einen Auszug aus ihnen als Authentica neben l. 10 C. h. t. gesetzt habe. Bei Nov. 140 (pag. 708) wird der Auseinandersetzung beigefügt: § 1. . . . . hodie non perinde licet, quia est contra disertum et ipso Evangelio Jesu Christi expressum praeceptum . . . § 2. Itaque abrogavit patris sui adoptivi constitutionem in Nov. 117 comprehensam . . . Huic Novellae merito derogatur iure Canonico setzt Brunnemannus hinzu: Von Nov. 162 endlich wird hervorgehoben, Scipio Gentilis zweifele an ihr et

Bacchov. Vol. 3 Disp. 19 p. 99 dubitat, an in praxi et foro sub autoritate legis allegari possit, ideo quod illa Novella, a Neotericis primum inserta et translata, in vulgaribus editionibus desideretur. Dann wird die betr. Novelle aber doch ausführlich besprochen. So haben wir hier dieselbe Erscheinung wie bei Gudelinus; wäre unsere Schrift eine Französische, so wären diese Stellen eher ein Zeugniß für die Abnahme der Autorität der unglossirten Stellen; in Deutschland hingegen sind sie schon ein starker Schritt zur Behauptung ihrer Autorität. Zu bemerken ist jedoch, daß hier mehr als früher, wenn einmal eine solche Stelle bezweifelt wird, als Grund dafür das a Neotericis insertam esse auftritt. Wir wenden uns jetzt wieder zu einem Commentator des Codex, zu

J. J. Wissenbach, † 1665, In libros Codicis Commentationes 1660. Derselbe gehört zu den wenigen, welche unserer Frage gegenüber nicht nur bei den einzelnen Stellen gelegentlich, sondern prinzipiell Partei ergreifen. Seine Art und Weise dabei erinnert lebhaft an die der Französischen Juristen: er erklärt sich gegen diejenigen, welche gegen die gelehrte Kritik seien und auch ohne humanistische Bildung sich rühmten, das R. R. verstehen zu können. Ich möchte mir erlauben, bei dieser Gelegenheit zu erwähnen, daß dazu ihm Anlaß gibt Jodocus, Mechliniae Praeses, Arveringus, welcher ganz auf dem Standpunkt des Alb. Gent. zu stehen scheint und so unter anderm behauptet, „neminem vel unius legis intelligentiam assequi valere, qui quicquam sciret in bonis letteris“. Die Erscheinung dieses Mannes ist charakteristisch für die Zähigkeit, mit welcher man noch in so später Zeit an der alten Opposition festhält. Wissenbach nun verfährt auch ganz nach seinem oben dargethanen Standpunkt; so commentirt er z. B. ohne irgend welches Bedenken den tit. C. 6, 48 de incertis personis. Bei der Erklärung des tit. C. 3, 43 geht Wiss. sogar soweit zu untersuchen, welches wohl jene fünf erlaubten Spiele sein möchten, eine Untersuchung, wie sie ganz im Geschmack der antiquisirenden Französischen Juristen ist. — Eine der interessantesten Erscheinungen unter den hierhin gehörigen Schriftstellern ist

J. Tabor, † 1674, dessen Dissertatio de altero tanto 1646 gedruckt ist (ich benutzte die Ausgabe seiner Tractatus, Leipzig 1688, in welchen sie als Diss. 6 erscheint). Da heißt es in Pars II, Articul. II, cap. IX: Eadem dicunt interpretes Novellarum, iterum post Cuiac. Jos. Stephan et Gothofredus maxime ad Nov. 121 cap. 2 lit. E.; später wird auch Nov. 138 citirt. Fast die ganze Pars II dreht sich nun weiterhin um diese Novelle, deren Gültigkeit gegen starke Angriffe weitschweifig vertheidigt wird. P. Surdus behauptet nämlich — siehe Art. IV, cap. V ff. — ihre Unanwendbarkeit statuens, istas Novellas attendi non debere .... quemadmodum etiam nullis glossatorum adnotationibus illustrantur. — Bemerken wir übrigens im Vorübergehen, daß wir also den Italienern Unrecht thaten, wenn wir sagten, sie hätten die französische Richtung sammt und sonders einfach ignorirt (siehe pag. 49), statt sie wenigstens, wenn sie sich ihr nicht anschließen wollten, zu bekämpfen: Surdus macht eben eine, im Grunde doch wenig bedeutsame, Ausnahme. Sein uns citirter Ausdruck läßt es übrigens zweifelhaft erscheinen, ob er seine Ansicht direkt darauf stützen wollte, daß die betr. Novellen nicht glossirt seien, oder ob der Mangel der Glosse ihm nur als Beweis für die Unächtheit derselben dienen sollte. Tabor, welcher den Text in der Hand hatte, nimmt an, es sei dies letztere der Fall, denn er sucht Surdus zu widerlegen, indem er sagt, die Glossatoren könnten ja auch einmal eine echte Stelle übersehen haben. Jedenfalls läßt diese Art der Antwort erkennen, daß Tabor selbst nicht daran dachte, die Thatsache allein, daß die Glossatoren jene Novellen auch nur übersehen hätten, könne von irgendwelchem Belange für den Streit sein. Wir haben also hier polemisch gegen einen starken Gegner durchgeführt die Behauptung von der Gültigkeit unglossirter Stellen in aller Form vor uns. Die Unbefangenheit, mit welcher alle jene Theoretiker, und wie sie auch Wehner, über die Frage hinweggehen, ob nicht jene Stellen wegen Mangel der Reception ungültig seien, mag ein Zeugniß für ihre Einseitigkeit abgeben; sie mögen mit ihren Behauptungen vollständig im Unrecht sein, aber es läßt sich nicht leugnen, daß sie durch die konstante Erwähnung unglossirter Gesetze als gültig nach und nach einen derartigen usus schaffen konnten.

Eine eigenthümliche Stellung zwischen Theorie und Praxis nehmen ein die Schriftsteller de usu iuris Romani, welche gerade zu dieser Zeit ziemlich häufig sind. Sobald Jemand über den usus eines bestimmten Rechtes schreibt, muß er von der Praxis ausgehen; indem er diese aber zu Prinzipien zusammenfassen muß, kommt er leicht dazu, zu theoretisiren. Je nachdem er nun innerlich mehr Theoretiker oder Praktiker ist, gravitirt er mehr nach der einen oder anderen Seite, und dies wird dann entscheidend für die Stellung, welche er zu unserer Frage nimmt. In einer ähnlichen Lage war schon Alb. Gent.; auch er schrieb, von Natur ein Praktiker, eine theoretische Abhandlung über die libri iuris civilis und entscheidet sich in dieser, seiner Anlage gemäß, gegen die unglossirten Stellen; ganz ebenso natürlich ist es, daß

Hunnius, † 1636, welcher mehr Theoretiker als Praktiker war, sich der entgegengesetzten Ansicht anschloß in seiner Schrift de interpretatione et autoritate iuris 1615 (siehe Cap. 5 de autoritate Novellarum). Daß die Art und Weise, wie Heimbach diese Ansicht des Hunnius erklärt, eine höchst eigenthümliche ist, haben wir bereits früher (siehe pag. 8) bemerkt; mußte ich damals diese Behauptung ohne Beweise hinstellen, so ist die Sache jetzt wohl ganz klar: Wenn Heimbach nur in etwa die theoretische Literatur des 17. Jahrhunderts kannte, so mußte er wissen, daß Hunnius durchaus nicht allein mit seiner Meinung da steht, sondern eine Richtung repräsentirt, welche damals auf deutschem Boden ziemlich mächtig war und nicht ohne Aussicht auf Erfolg die Gültigkeit aller, sowohl der alten wie der neuen, unglossirten Stellen behauptete. Daß Hunnius sich dieser Richtung anschloß, ist gerade deshalb leicht erklärlich, weil er mehr Gelehrter als praktischer Jurist war. — Ihm folgt nach (siehe Heimbach pag. DCXCIV) ein anderer weniger bekannter Autor

Hagemeier, welcher ebenfalls de usu et autoritate iuris Romani geschrieben hat. — Hierhin gehört auch

Cyprianus Regnerus ab Oosterga, Zwollianus, † 1687, welcher sowohl in seiner Censura Belgica in Codicem als in der in Novellas, 1666, sämmtliche nicht glossirten Stellen gerade wie die übrigen commentirt uud behandelt. Wir fügen zu diesen Schriftstellern noch zwei hinzu, welche allerdings über die erste Hälfte des 17. Jahrhunderts hinausfallen, aber ihrer ganzen Schreib- und Auffassungsweise nach hierhin gehören, nämlich Sonnemann (siehe diesen später) und

Ericus Mauritius, den wir schon einmal haben erwähnen müssen, mit der Behauptung, Heimbach weise ihm eine falsche Stelle an. Er lebte von 1634 bis 91; seine Dissertationes sind erschienen Frankfurt 1692. In der in jenem Werke enthaltenen Diss. de libris iuris communis horumque usu heißt es in cap. XXVII, von der Mitte ab: Sunt vero natae etiam de autoritate Novellarum lites. Gentilis ad ius certum et usu receptum (tempore, ut videtur, Irnerii, Accursii, Bulgari, alioquin enim secum ipse pugnaret) non refert, nisi 98 .... Riccius contra Tractatu Rhapsodico n. 64 omnes .... vim et autoritatem habere dicit. Dieser Meinung schließt sich Eric. Maur. an: Nec est, quod moveat aliquem, quod glossa non interpretatur nisi 98; sunt enim inter illas multae, quae ad personas certas aut locum spectant. Ericus Mauritius leugnet also ausdrücklich die Bedeutung der Glosse für die Gültigkeit von Stellen; ganz besonders erhellt dies auch noch aus der Begründung sunt enim etc., welche gar keinen Werth haben würde, wenn schon anerkannt wäre, daß unglossirte Stellen eben deshalb ungültig seien; andererseits aber läßt sich nicht verkennen, daß wir bei ihm wie doch wohl auch bei manchen andern und hauptsächlich späteren Schriftstellern jener Richtung, das Bewußsein finden, es sei auch die entgegengesetzte Ansicht möglich. Dies gilt auch von

A. D. Sonnemann, in Novellarum Constitutionum Divi Justiniani S. Pr. librum Commentarius, Francofurti ad Viadrum 1699. Novelle 135 wird hier (pag. 909) commentirt, dann aber in einer Anmerkung beigefügt, sie sei wohl kaum gültig, denn 1) non esse authenticam, cum non reperiatur in authographo Graeco; 2) neque usu receptam; wobei Gudelinus citirt wird. Von Nov. 138 wird gesprochen pag. 919: Desideratur haec Novella ab Haloandro. Idem tractat, quod Nov. 121, scilicet: Ne usurae etc. . . . . Bei Nov. 140 (pag. 921 § 4) heißt es: Ergo moribus haec Novella merito reprobatur. Novelle 162 endlich wird (pag. 965) völlig als gültig behandelt, dann in § 7 auseinandergesetzt, daß früher anderes Recht galt; speziell § 10 Notandum vero l. 23 D. de do. in. vi. et ux. . . . . per Novellam hanc esse correctam.

Hiermit möge es genug der Beispiele sein; werfen wir jetzt einen Rückblick auf diese Richtung, so zeigt sich, daß entschieden die Theorie des 16. und fast noch mehr die der ersten Hälfte des 17. Jahrhunderts dahin neigt, die uncommentirten Stellen ebensowohl wie die commentirten als praktisch und gültig zu behandeln; daneben fährt während des 16. Jahrhunderts die Praxis stets fort, sich weder um die uncommentirten Stellen, noch um die ihre Anwendbarkeit behauptende Theorie zu kümmern; eine Aenderung in letzterem tritt erst ein durch den sog. usus modernus Pandectarum, der in der zweiten Hälfte des 17. Jahrhunderts zur Herrschaft gelangt; wir wenden uns jetzt zu diesem und der ihn vorbereitenden praktischen Literatur der ersten Hälfte des 17. Jahrhunderts.

3. Kapitel.

Ueber Gültigkeit der unglossirten Stellen nach dem 16. Jahrhundert.

§ 15.

Praktiker der ersten Hälfte des 17. Jahrhunderts.

Ein Nebeneinanderlaufen zweier völlig getrennter Richtungen in derselben Wissenschaft wie das oben geschilderte war auf die Länge nicht möglich; es mußte mit der Zeit eine Verschmelzung beider eintreten und diese finden wir in dem sog. usus modernus Pandectarum, von welchem im folgenden Paragraphen zu handeln sein wird. Eingeleitet und vorbereitet wird derselbe dadurch, daß die Praxis des 17. der des 16. Jahrhunderts gegenüber sich allmählich hebt und so der Theorie näher tritt; ferner wird auch eben jene Praxis durch die Autorität Carpzows eine bestimmtere und gleichmäßigere in ganz Deutschland, so daß sie eine Rechtsmasse bildet, welche sich der theoretischen Bearbeitung fähig zeigt. Und der us. mod. Pand. ist eben eine theoretische Verarbeitung des durch die vorhergehende Rechtsübung in Deutschland hergestellten Rechtszustandes.

Einstweilen müssen wir uns nun mit jener vorbereitenden Praxis abgeben, und da wird sich zeigen, daß diese sich für unsere Frage ebenso verhält wie die des 16. Jahrhunderts; nur bei dem Manne, der der Richtung der Zeit nach 1750/60 am nächsten steht, bei Duck, werden wir schon einen Fortschritt auch in Bezug auf die uns beschäftigende Entwickelung finden. Wir betrachten daher diesen zuletzt, vor ihm Carpzow und Mevius und zunächst noch vor diesen einige unbedeutendere Schriftsteller ihrer Zeit. Zuvörderst

C. P. Richter, Decisiones, Jenae 1663, bei welchem es in Pars I Dec. 22 Num. 22 heißt, die do. in. vi. et ux. convalescire nur si realis traditio rei facta fuerit. Er führt folgende Entscheidung eines Gerichts an: „Es seyend die Donationes unter Ehegatten, wenn keine wirkliche Uebergab dabei gebraucht worden, unkräfftig." Er hält also die Nov. 162 für unpraktisch, wenn er auch später einmal (Pars I Dec. 74 Num. 55) Nov. 138 citirt. Eine ganz andere Frage ist es aber noch, ob er deshalb, wie Heimbach meint (siehe pag. 7), der Ansicht ist, die unglossirten Stellen als solche seien unbrauchbar; hierfür liegt kein Beweis vor. Keine so entscheidende Stelle vermochte ich zu finden bei

J. Stuckius, dessen Consilia Frankfurt 1660 erschienen sind; doch gehört derselbe entschieden seiner ganzen Auffassung nach hierhin. Bei ihm treffen wir (Consilium 12 Num. 58) den Ausdruck wieder cum ... glossa deficiente textu ipsa pro textu sit; er führt dafür Everhardus an.

Ganz dasselbe, was die allgemeine Stellung anbetrifft, gilt von C. Klock, dessen Consilia Frankfurt 1650 erschienen sind. Wenden wir uns daher von diesen wenig einflußreichen Juristen zu

B. Carpzow, dem Fürsten der damaligen Praxis, durch welchen denn auch ein bedeutender Fortschritt derselben unverkennbar herbeigeführt wird, indem sie sich den Lebensverhältnissen mit großer Kunst anschmiegt und nicht ohne Geschicklichkeit zwischen Römischem Recht und Deutscher Gewohnheit vermittelt. Daß aber Carpzow den unglossirten Stellen gegenüber sich gerade so verhält, wie die bisherige Praxis, dafür zeugt folgende Stelle: ... Tum quod donatio inter coniuges non aliter morte confirmatur, quam si vivente donatore facta sit traditio rerum donatarum. Bart; Dec. (Cons. 65, Num. 18). Dagegen zeigt er uns, daß die lex „alearum" noch immer vollständig galt, dadurch, daß er mitten unter andern das Spiel verbietenden Gesetzen auch sie citirt; er setzt dann allerdings hinzu, eine condictio der im Spiel verlorenen Sachen sei in Sachsen usu unmöglich geworden. Es geht auf keinerlei Weise mehr an, zu vermuthen, daß Carpzow die unglossirten Stellen nicht gekannt hätte; er führt sogar einmal Novelle 121 an. Aber er wendet jene Stellen eben nicht an und hält es nicht einmal für nöthig, sich deshalb zu rechtfertigen; in dieser Beziehung befinden wir uns also noch ganz in derselben Sachlage wie zu Anfang des 16. Jahrhunderts. — Gerade so verhält es sich bei

D. Mevius, welcher in seiner Decisionum pars VI, decis. 67 sagt, tamen convalescunt (do. es in. vi. et ux.), si rei donatae traditione facta ... Eine hierhin gehörige Note bemerkt: Haec necessaria est, sola promissio non sufficit, l. Papinianus 23 D. 24, 1. Wir sehen also, daß die deutsche Praxis die unglossirten Stellen mit Ausnahme der lex „alearum" nicht anerkennt; daß sie aber dazu kommen sollte, dies jemals als Regel auszusprechen, dafür ist nicht einmal ein Ansatz vorhanden, da sie es nicht einmal für der Mühe werth hält, der zeitgenössischen Theorie ausdrücklich zu widersprechen. Die Ausgleichung dieses Gegensatzes kann nun auf verschiedene Weise erfolgen. Vielleicht siegt die Theorie und bringt dabei die unglossirten Stellen zur Geltung; es kann jedoch auch die Praxis siegen und dabei die Theorie völlig vernichten; die Entwickelung ist dann genau die, welche wir Ende des ersten Kapitels (siehe pag. 33) als die naturgemäße annahmen, unter Abstraktion von der Bewegung des 16. Jahrhunderts. Faktisch hätte dann diese letztere auch gar keinen Einfluß in Deutschland gehabt. Unter dieser Annahme bleiben der That nach die unglossirten Stellen ungültig, wir sehen aber keinen Anlaß, wieso man dazu kommen sollte, dies in einer Regel auszudrücken, da ja auch bisher die reine Praxis ein solches Bedürfniß nie empfunden hat und wir gesehen haben, daß sich nur etwas theoretisch gebildete Juristen zum Aussprechen unseres Satzes erheben. Vielmehr kann dieser nur entstehen, wenn die Praxis so siegt, daß sie die Theorie zu ihrer Meinung bekehrt und hierdurch die Stellung, in welche Alb. Gent. vereinzelt gerathen war, die der herrschenden Schule wird.

Es ergibt sich hieraus, daß ohne den geschilderten Gegensatz zwischen Theorie und Praxis die Entstehung des Canon gar nicht zu erklären wäre, da sonst alle Welt immer ruhig das in ihm Ausgesagte als selbstverständlich angenommen haben würde; und darum ist eben jener Streit von so außerordentlicher Wichtigkeit für uns.

Andererseits ist aber auch für uns von der größten Wichtigkeit, daß jetzt endlich dieser Streit sich ausgleiche und zwar, daß er sich gerade auf die Weise ausgleiche, welche wir oben als die für unsern Zweck einzig mögliche dargethan haben, durch Verschmelzung von Theorie und Praxis unter der Leitung der letztern; das Resultat einer solchen Verschmelzung ist eben der usus modernus Pandectarum. Am nächsten den Autoren, welche diesen begründet haben, steht von den Schriftstellern der ersten Hälfte des 17. Jahrhunderts wohl der, welcher ihnen auch in Bezug auf unsere Frage am nächsten steht, nämlich

Arth. Duck, † 1649, dessen Hauptwerk ist de usu et autoritate iuris Romani (ich benutzte die Ausgabe Elzevirii 1654). Da heißt es nämlich: (Lib. I, cap. IV, § 15, pag. 68) In his Novellis maxime ambigitur de numero et de versione Latina. Accursius et Doctores glossis et commentariis illustrarunt 98 ... Sed oportet sequi Accursii et communium interpretum sententiam, quia agimus de eo iure Romano, quod usu inter gentes Christianas receptum est, und Lib. I, cap. IV, § XII in fine, pag. 60 in fine, pag. 61: Has ergo solas Constitutiones recepimus, quae usu Academiarum et Curiarum admissae sunt.

Es ist äußerst charakteristisch, daß gerade Duck, gerade ein Schriftsteller de usu et autoritate es ist, der zum ersten Male nach Alb. Gent. den Inhalt unseres Satzes bewußt ausspricht. Die eigenthümliche Stellung der Schriftsteller über jenen Gegenstand haben wir bereits bei Hunnius zu besprechen

Gelegenheit gehabt; war nun ein solcher Autor innerlich Praktiker und schloß er sich daher der Praxis an, so lag ihm nichts näher, als das auszusprechen, was diese stillschweigend übte, nämlich die Ungültigkeit der unglossirten Stellen; es steht in dieser Beziehung Duck den späteren Schriftstellern über usus modernus ganz ähnlich da.

Während so einerseits die Theoretiker den Versuch machen, die Reception jener Stellen zu bewirken, hebt zum ersten Mal ein in Deutschland weit verbreitetes Werk die entgegengesetzte Ansicht scharf hervor, gestützt auf eine ziemlich conforme Praxis.

Uebrigens scheint mir sehr bemerkenswerth, daß wie Alb. Gent., so auch Duck auf englischem Boden wurzeln; es wird hierdurch sehr wahrscheinlich, daß ihre Ansichten in dieser Frage mit englischen Rechtsanschauungen zusammenhängen. Dies ist wohl das einzige Mal, daß England auf unsere Rechtsentwickelung wesentlich eingewirkt hat, das Gebiet des Strafprozesses ausgenommen. Man könnte sich fast versucht fühlen, schlechtweg zu sagen, unser Satz leite seine Entstehung aus England her; doch wäre dies ein übertriebener Ausdruck für eine immerhin bedeutsame Thatsache: Duck hat nie eine so große Autorität in Deutschland gewonnen wie die Männer, deren Richtung vorzubereiten er gewiß viel beigetragen hat, nämlich Lauterbach und Stryk, und diese sind denn auch für uns die Ausschlag gebenden.

Nun müssen wir denn aber doch, ehe wir zu diesen übergehen, bemerken, daß auch bei den Theoretikern sich manche Anknüpfungspunkte finden lassen, welche sie dazu leiten konnten, zuzugeben, es seien nur die glossirten Stellen gültig. Erstens nämlich gestehen sie selbst häufig bei unglossirten Novellen zu, dieselben seien nicht in usu; dann drücken sie dies sogar ziemlich oft mit den Worten aus, sie seien veteribus non agnitas; endlich fehlt es auch unter ihnen nicht an einem Manne, der eine ähnliche Stellung einnimmt, wie unter den Praktikern Wehner. Wie dieser nämlich die Ansicht der Theoretiker, so verficht die der Praktiker

J. Brunnemannus, † 1672, in seinem Comment. in Codicem, Lipsiae 1679, ad tit. de Novo Codice faciendo, Abschnitt 3 (de emendatione Codicis) § 11 ff.; er schreibt: Monendus autem lector est, eas a me explicari solum leges, quae ut Authenticae in foris ac in iudiciis merentur allegari; Graecas enim Constitutiones, quia in Imperio nostro non receptae et vix ullam in imperio nostro Romano-Germanico fidem merentur nec in forum receptas habemus. Und so heißt es bei tit. C. 6. 48: Non est Authenticus, nec ut Authenticus allegari potest, sed ab auctoribus aliis insertus. Dagegen wird tit. C. 3, 43 commentirt. Diese Stellung eines Theoretikers zeigt uns deutlich, wie verwirrt man in unserer Frage ist und wie eigentlich mehr ein stiller Gegensatz als ein mit Wissen geführter Streit vorliegt. Nur über eines sind sich alle Theile einig, nämlich, daß der tit. C. 3, 43 gültig ist; die Novellae 63 und 110 dagegen sind offenbar bei den Praktikern in abusum gerathen, siehe z. B. Mevius, Decisiones, Pars II Dec. 179, 180 und Pars VI Dec. 140, 262, 263, wo von operis novi nuntiatio die Rede ist, ohne daß die betreffende Novelle jemals erwähnt würde.

Betrachten wir jetzt, wie in der zweiten Hälfte des 17. Jahrhunderts jener während der ersten Hälfte desselben fortwährend bestehende Zwiespalt sich ausgleicht und dabei unser Satz, dessen Entstehung wir von allen Seiten allmählich vorbereitet gesehen haben, rasch eine allgemeine Herrschaft erobert.

§ 16.

Die Literatur von 1650/60 an; ihre Stellung zu unserer Frage; Aufstellung und Verbreitung des Inhalts und der Form unseres Canon.

Schon die bisherige theoretische Literatur hatte nicht umhin gekonnt, an das Ende ihrer Commentare über einzelne Stellen aus dem Corpus iuris einige Worte über den praktischen Gebrauch derselben zu setzen; doch war dies mehr äußerliches Beiwerk, das Hauptbestreben nicht darauf gerichtet, diesen Gebrauch mit dem Werth und Inhalte des betreffenden Gesetzes selbst in Zusammenhang zu setzen. Nun hatte aber während des 17. Jahrhunderts die Praxis einen allseitig anerkannten und ziemlich ausgebildeten Gerichtsgebrauch gebildet, hauptsächlich unter der Führung von Carpzow und Mevius; da war es denn nun ein dringendes Bedürfniß, daß die Theorie sich des vorhandenen Rechtsstoffes bemächtige und denselben auch systematisch bearbeite. Diesem Bedürfnisse entsprechen die gegen Ende des 17. Jahrhunderts zur Herrschaft gelangenden Werke über den usus modernus Pandectarum. Wir haben in denselben eine der Praxis genau sich anschließende Darstellung des R. R.s, eine Verschmelzung der Theorie und Praxis, welche der Arbeit der Praktiker des 17. Jahrhunderts erst das Siegel der Vollendung aufdrückt.

Diese Werke heißen meist geradezu Usus modernus Pandectarum; alle aber sind sie bestrebt, denselben zu lehren. Da ist es nun natürlich, daß es den Autoren derselben geradeso ergeht, wie es Gentilis und Duck ergangen war. Sie kommen zur Erkenntniß, daß bisher zwischen Theorie und Praxis in Bezug auf die unglossirten Stellen ein Gegensatz geherrscht hat; sie sehen sich gezwungen, Partei zu ergreifen und thun dies, wie sie sich überhaupt den Praktikern anschließen, indem sie sich für diese entscheiden; und nun sprechen sie ihre Ansicht auch laut und deutlich aus; damit sind wir bei der letzten Etappe des langen und verwickelten Weges angelangt, welcher zu durchlaufen war, bis unser Satz zur Entstehung kommen konnte.

In diese Zeit fällt nun auch die Entstehung derjenigen Form unseres Satzes, welche heutzutage bei uns allgemein verbreitet ist. Erst jetzt, wo von allen Seiten die betr. Behauptung aufgestellt wurde, konnte sie auch in ein sprichwortartiges Gewand gekleidet werden, welches die wenigen Schriftsteller, die sie bis dahin aussprachen, ihr zu verleihen natürlich nicht im Stande waren.

Doch müssen wir uns die Sache nicht so vorstellen, als sei auf einmal überall einmüthig und mit einer Sicherheit, die gar keine Zweifel hatte aufkommen lassen, die Behauptung von der Ungültigkeit der unglossirten Stellen hingenommen werden; besonders die Jahreszahl 1660, welche ich als die des Wendepunkts gewählt habe, ist keineswegs eine einschneidende, sondern nur eine approximativ die Zeit bestimmende; und überhaupt ist der Uebergang vom unbewußten Ausüben zum bewußten Aussprechen, wie es in der Natur der Sache liegt, ein langsamer und allmählicher. Wir finden z. B., daß der erste in der Reihe derer, welche den betr. Satz angeben, sich noch nicht zur vollkommenen theoretischen Durchführung desselben entschließen kann; wir finden, daß ein Schriftsteller in seinen früheren Werken unseren Canon noch nicht aufstellt, während er ihn in seinen späteren vertheidigt: wir finden endlich noch tief ins 18. Jahrhundert hinein manche Angriffe auf die Behauptung, welche in unserer Regel Form gewonnen hat. Entschieden siegreich ist jedoch, wie wir sehen werden, die entgegengesetzte Richtung vorgedrungen.

Welches ist nun bei dieser Entwickelung das Schicksal derjenigen unglossirten Stellen, die wir als von jeher in Deutschland recipirt und dort von den Praktikern noch angewendet kennen, der lex „alearum"? Da haben wir nun die interessante Erscheinung vor uns, daß hier die Theoretiker es sein mußten, welche die letzte noch gültige unglossirte Stelle zur ungültigen machten. Indem sie nämlich, der Praxis sich anschließend, den Satz von der Ungültigkeit der unglossirten Gesetze aussprachen, vergaßen sie davon den tit. C. 3, 43 auszunehmen, wie dies in Folge der Singularität von dessen Stellung und der doch immerhin zweifelhaften Anwendbarkeit natürlich war. Jener Satz wurde durch den Gebrauch zur Rechtsregel und diese hat dann jene letzte Ausnahme erstickt, ohne daß sich die Urheber jener Regel dessen bewußt geworden wären.

Das erste und wohl das bedeutsamste aller jener Werke, zu deren Einzelbesprechung wir uns jetzt wenden wollen, war das von

W. A. Lauterbachius, † 1678, dessen Collegium Theoretico-Practicum zwar zuerst im Jahre 1690 erschienen ist, dessen Haupteinfluß aber in seine Lebenszeit fällt (ich benutzte die Ausgabe Tübingen bei Cotta 1763). Jenes Werk und das später zu besprechende von Stryk haben noch weit über die erste Hälfte des 18. Jahrhunderts geherrscht. Bei Lauterbach heißt es nun in den Prolegomena, § 5, pag. 14, 15 des 1. Bandes in Bezug auf den Codex: Constitutiones ergo, quae ab Antonio Augustino, Contio et Cuiacio adiectae ceu spuriae communiter apud nos iuris auctoritate destituuntur, nec etiam in illis casibus, qui legibus expresse decisi non sunt, tam quam authenticae in foro possunt allegari, als Gewährsmann wird Alb. Gent. angeführt; und weiter: Tales cognoscuntur, vel si in veteribus Exemplaribus non reperiuntur et ab Accursio aliisque Veteribus Glossatoribus non sunt illustratae; vel ... Dann sagt Lauterbachius von den Novellen: (Prolegomena § 6, num. 4.) De numero Novellarum Doctores non conveniunt. Quae glossatae sicque usu, ut nos ligent, receptae numerantur XCVIII, reliquarum vero, quas scilicet veteres glossis et commentariis non illustrarunt, sed ab Haloandro demum editas constat — (ein Beweis dafür, daß man keinen Unterschied zwischen alten und neugefundenen unglossirten Stellen machte, wenn überhaupt ein solcher Beweis nöthig wäre) — dubia et controversa et trium ultimarum, num. 166, 167, 168, quae a Cuiacio adiectae sunt, nulla in foro est autoritas. Auch hier wird wieder Gentilis citirt. Daß dieser Schriftsteller um diese Zeit gekannt und neben Duck sehr häufig angeführt wird, zeigt deutlich den Zusammenhang zwischen diesen beiden und der neuen Richtung in Deutschland an. Jene Stellen sind übrigens wohl entscheidend; deutlich und klar wird gesagt es bänden (ligare) uns nur die glossirten Stellen, alle andern werden auf Seite geschoben. Doch wird Niemand, welcher der bisher von mir angedeuteten Entwickelung die Richtigkeit nicht abspricht, es erwarten, daß Lauterbach etwa in dem Sinne jenen Satz ausgesprochen hätte: die unglossirten Stellen sind deßhalb ungültig, weil sie unglossirt sind. Hatte man doch gar keinen Grund und keine Veranlassung, die Regel auf diese Art aufzufassen. Man sagte vielmehr: Nur die Stellen sind gültig, welche in usu sind; in usu sind nur die glossirten, also sind nur die glossirten gültig. Der Mangel der Glosse ist also — wenigstens zu jener Zeit — kein Grund, sondern nur ein Merkmal; ob sich nicht später dadurch, daß unser Canon zur Rechtsregel wurde, die Sache geändert hat, ist eine andere Frage. Um nun übrigens wieder auf Lauterbach selbst zurückzukommen, so ist es interessant, daß er, wie bereits oben angedeutet, die von ihm gegebene Regel selbst nicht ganz durchgeführt hat. So wird in Band III (erschien 1765) ad tit. Pandectarum 42, 3 pag. 252 ff. die Nov. 135 gleich in der Ueberschrift erwähnt; und pag. 253 cap. IV wird gesagt: et tandem illud (beneficium) adhuc pingius reddidit Just. per Novell. 135, sed haec Nov. non est authentica, vide Prolegomena. Doch nicht immer ist ein solcher Zusatz beigefügt, z. B. nicht beim Citat der Novellen 121, 138 (Band II — erschien 1764 — ad tit. Pand. 22, 1 cap. XXVI pag. 138); absolut nicht erwähnt wird allerdings die Nov. 140 an der Stelle, wo die von ihr aufgehobene Nov. 117 cap. X besprochen wird (Band II ad tit. Pand. 24, 2 pag. 380). Desto merkwürdiger ist hingegen folgende Stelle (Band II ad tit. Pand. 24, 1 pag. 375, speziell 379 cap. 13): An tacita (do in vi. et ux.) revocata esse censeatur, si res donata Creditori oppignaretur? Nach Pandektenrecht liege Meinungsänderung darin, quae tamen sententia iure Novell. est mutata, quo per oppignerationem donatio haud revocatur. Nov. 162, cap. I § 1; Voetius n. 6 h. t.; et quamvis Bochov. cum aliis de autoritate huius Novellae dubitet, quamplurimi tamen Dd. et praesertim practici ad decisionem huius quaestionis eandem allegare solent. Hoch auffallend ist es, daß hier gesagt wird, diese Novelle werde hauptsächlich von den Praktikern citirt, während wir eher das gerade Gegentheil erwarten könnten; und doch ist es wohl unzweifelhaft, daß Lauterbach zu diesem Ausspruche feste Anhaltspunkte haben mußte. Es bleibt uns daher nichts übrig, als nochmals auf die Verwirrung, welche damals in alledem herrschte, hinzuweisen; unsere Ansicht über die Hauptströmungen aber sind solche einzelne Vorkommnisse umzuändern nicht im Stande, ebenso wenig wie wir uns durch diesen Verstoß Lauterbach's gegen die von ihm selbst aufgestellte Regel irre führen lassen. Die Gefahr ist allerdings eine um so größere, als wir bei einem andern Schriftsteller dieser Zeit,

G. A. Struvius, dessen Syntagma iuris civilis von 1692 bis 1701 erschienen ist, noch keine Spur von einer prinzipiellen Leugnung der Gültigkeit der unglossirten Stellen zu finden im Stande sind. Siehe in Bezug darauf eine Stelle ad. tit. Pand. 24, 1 wo es sogar heißt: et datur quoque actio, si res nondum tradita, contra heredes mariti iuxta Novell. 162, cap. I. Diese Stelle im Zusammenhang mit der vorhin länger besprochenen von Lauterbach scheint allerdings zu beweisen, daß in jener Zeit die Nov. 162 vielfach in praktischem Gebrauch gewesen ist; es ließe sich dies vielleicht als ein partieller Sieg der Theoretiker der vorigen Epoche betrachten; doch hat sie dann jedenfalls das Schicksal der lex „alearum" getheilt. Denn wie kräftig die neue Anschauung war und wie sie nach und nach völlig die Ueberhand gewinnt, das sehen wir bei

S. Stryk. Es ist eigenthümlich, daß wir von diesem Manne zwei Werke besitzen, welche sich in unserer Frage widersprechen; dies beweist uns, daß der zuerst von Lauterbach aufgestellte Satz doch einiger Zeit zu seiner Verbreitung bedurfte. Im Jahre 1679 erschienen die Dissertationes, in welchen (Band II dissert. 24 de differentia iuris veteris et novissimi) auch unglossirte Novellen besprochen werden. Doch ist hier schon der Zusatz, welcher sich mit der Besprechung ihrer praktischen Gültigkeit resp. Ungültigkeit beschäftigt, accentuirter als sonstwohl. So heißt es von Nov. 8, sie komme in der

Praxis nicht zur Anwendung (Decas I 5.) Gar nicht angeführt wird an ihrem Ort Nov. 140 (bei Besprechung von Nov. 117 Decas III 6). Endlich heißt es von der Nov. 162 in Decas X 10, nachdem ihr Inhalt auseinandergesetzt ist: In Praxi vetus ius locum obtinere tradit Dn. Carpzow. Wir sehen hier ein Schwanken, wie es in solch einer Uebergangszeit leicht erklärlich ist. Die betr. Stellen werden noch commentirt, aber schon sehr stark angezweifelt; und so ist der Widerspruch zwischen diesem Werke und dem jetzt zu besprechenden doch kein so eklatanter, als es auf den ersten Anblick wohl scheinen möchte. Einen andern Ton schlägt Stryk nämlich an in seinen Erörterungen zu Lauterbachii Collegium Theoretico-Practicum; es ist klar, daß er sich von diesem Schriftsteller hat überzeugen lassen und nun auch die unglossirten Gesetze für ungültig hält. Die betr. entscheidende Stelle habe ich — was mir als persönliche Bemerkung hier einzuschalten gestattet sein möge — im Gegensatz zu allen übrigen bisher angeführten und nachher anzuführenden Citaten durch Heimbach (loco citato, siehe pag. 6 oben) gefunden. Dieselbe lautet: Generatim utimur regula, quos textus non agnoscit glossa, eos non agnoscit forum. Ratio est, quia in corpore Juris editio Accursiana in Germaniam transiit et in scholis ac foris recepta, antequam innotuerint reliquae editiones. Hinc textus ab Antonio Augustino, Contio, Cuiacio et aliis ex Basilicis maxime restituti omni iuris autoritate ea propter apud nos destituuntur. Entschiedener und entscheidender läßt sich die Sache gar nicht ausdrücken; wir haben in dieser Stelle die einflußreichste für die Verbreitung des Inhalts unserer Regel sowohl als für die ihrer Form vor uns. Nach Heimbach's wie nach meinem Wissen ist sie die erste, welche den Satz von der Ungültigkeit der unglossirten Stellen in einer Fassung gibt, welche sprüchwörtlich und unserem Canon ähnlich klingt. Ein Zusammenhang zwischen diesem Spruch und den früher häufig vorkommenden Wendungen, wie deficiente textu glossa pro textu est, läßt sich allerdings leider nicht nachweisen und darum haben wir auch auf diese so wenig Gewicht gelegt; es mag aber doch immerhin jener Gleichklang mitgewirkt haben und darum wollten wir sie auch wieder nicht ganz ohne Erwähnung lassen.

Wie sich nun jener Spruch zu unserem Canon umwandelte, ist leicht begreiflich. Der Ausdruck quos textus war für eine sprüchwörtlich zu handhabende Regel viel zu schwerfällig; an seine Stelle trat das einfache quod oder quicquid und damit fiel das eos im Nachsatz selbstverständlich weg; als Ersatz dafür finden wir bisweilen nec eingeschoben; statt forum endlich tritt leicht, der Aehnlichkeit mit glossa halber, curia ein. Jedenfalls ist diese Metamorphose also eine sehr leicht erklärliche und natürliche.

Jene alte Form ist aber für uns darum so hochwichtig, weil sie zugleich den stringentesten Beweis für den Sinn unseres Canon erbringt; denn aus den Worten quos textus folgt deutlich, daß man nur von der Anerkennung gewisser Texte, nicht von der Interpretation derselben reden wollte (siehe pag. 2.)

Wir können hieran übrigens noch eine sehr fruchtbare Betrachtung anknüpfen. Heimbach meint nämlich die Form: „Quod non agnoscit glossa, nec agnoscit curia“ komme zuerst in Silberrad's Bemerkungen zu Heineccii Historia iuris vor; die Form quicquid etc. aber erst bei Zepernick. Und nun ist es allerdings auch mir nicht gelungen, vor der Mitte des 18. Jahrhunderts unseren Canon in der heute gebräuchlichen Weise ohne Hervorhebung des Wortes textus zu finden; dennoch aber können wir ganz sicher behaupten, die Veränderung des Canon müsse sich schon im Anfange des 18. Jahrhunderts vollzogen haben. So lange man nämlich nur die Gestalt „quos textus“ kannte, war ein Mißverständniß in Bezug auf den Sinn ganz unmöglich; nun finden wir schon ein solches bei Mencken 1707 und Olearius 1708 (siehe unten); also muß schon vor 1710 eine Form des Spruches, in welcher die Wendung quos textus sich zu quod oder quicquid abgeschliffen hatte, verbreitet gewesen seien. Wenden wir uns jetzt wieder zur Betrachtung einzelner Schriftsteller und zunächst eben zu

G. L. Mencken, de Novellarum glossatarum et non glossatarum auctoritate iuris dissertatio, erschienen 1707. (In D. F. Zepernick, Delectus scriptorum Novellas Iustiniani Imperatoris earumque historiam illustrantium, Halae 1783, aufgenommen.) Diese Schrift ist uns ein interessantes Zeugniß dafür, daß trotz Lauterbach und Stryk dennoch gar manche Theoretiker unseren Satz noch immer nicht zugeben wollten. Mencken unterscheidet nun aber nicht zwischen seinen möglichen Bedeutungen; daher laufen denn in dem ganzen Werk fortwährend die Angriffe gegen den einen Sinn neben denjenigen gegen den andern her. Uns interessiren hier, außer dem obigen erwähnten Umstand, daß seine Schrift den Beweis für die bereits damals vollzogene Abschleifung unseres Canon liefert, nur die Argumente, welche auch dann passen würden, wenn es noch hieße „quos textus“. Dieselben sind zahlreiche und mannigfaltige; was überhaupt beigebracht werden kann, das schleppt Mencken heran; daß dabei manche Gründe mit unterlaufen, die uns fast lächerlich erscheinen, muß man der Zeit zu Gute halten. Zunächst heißt es § XVII: Cum enim, citra distinctionem, suas constitutiones observari voluerit Iustinianus et Recessus Imperii d. t. 1654 § 1 a 5 aliique textus, thesi praecedente citati, iura haec civilia tamquam communia attendi iusserint, nobis non est liberum, discrimen inter leges, Glossarum copia aut defectu spectato, admittere. Scheint dieser Grund wenigstens nicht ganz futil, so ist desto eigenthümlicher der folgende: sonst würde Julian auch die betreffenden Novellen wohl kaum recensirt haben! Ferner seien, sagt er, diese Novellen nicht allen Glossatoren unbekannt gewesen. Dann folgen

§ XVIII: Non omnes glossatas usum fori obtinere deducitur; und darum sollen andererseits unglossirte gültig sein (!);

§ XIX: Usus Novellarum non glossatarum ostenditur per exempla. (Siehe Widerlegung unten bei Zepernick.)

§ XX: Glossae accessionem defectumve per se nihil addere vel detrahere auctoritati Iuris defenditur. Vielmehr seien die Novellen, — vom Codex wird nicht gehandelt — die nicht glossirt seien, meist aus ganz andern Gründen ungültig:

1) quando non sunt Iustiniani, sed spuriae;
2) ob specialitatem, si quidem ad imperii statum, qui tum fuit, respiciunt...;
3) quod vel abrogatae vel restitutae et virtute legis indignae;
4) usu, quatenus in Germania non admissae.

Es ist merkwürdig, wie dieser letzte Theil der Darlegung so ganz richtig ist, Mencken es aber nicht vermag, sich den historischen Prozeß vorzuführen, durch welchen jene Gründe zu dem kurzen Satz zusammengezogen worden sind, die unglossirten Stellen seien ungültig. Insofern hat er ganz Recht, als dieser Satz auch wirklich durchaus nicht besagen will, jene Stellen seien deshalb ungültig, weil sie unglossirte sind. Bemerken wollen wir jedoch, daß trotz aller schiefen Auffassung und Einseitigkeit Mencken sich doch genöthigt sieht, in § XXV zuzugeben, daß, quemadmodum (enim) leges Codicis a Cuiacio, Contio aliisque restitutae potestatem iuris non meruerunt, ita quoque a Cuiacio similibusque Ictis productae Novellae ... indubitati Iuris Iustinianei vim haud pariunt ...— Eine ähnliche Stellung wie Mencken nimmt ungefähr um dieselbe Zeit ein

J. F. Olearius, Programma de valore Novellarum Leonis, Lipsiae 1708. Von ihm scheint, wie aus der ganzen Art seiner Beweisführung gegen unsern Satz erhellt, der Canon auch ganz entschieden mißverstanden worden zu sein. Uebrigens ist er doch viel unbedeutender als Mencken. Führen wir jetzt wieder, um zu zeigen, wie vereinzelt diese beiden mit ihrem Widerspruch gegen den wirklichen Sinn unseres Satzes dastehen, noch einige Gewährsmänner für denselben auf.

J. Brunnemannus (in seinen Zusätzen zu Matth. Stephani Commentarius in Novellas, Leipzig 1700, ad Nov. 135, siehe pag. 95) sagt von einer Novelle, sie sei nicht mehr in usu; dabei kömmt vor die Wendung: et quia Irnerius nullam Authenticam excerpsit . . . Deutlicher redet

J. Voet, Commentarius ad Pandectas, Haag 1707. Er schreibt ad libr. 1, tit. 2, sub num. 6: Similique modo, licet restitutae a viris doctis in Codicem leges ex libris Basilicῶn et aliis Graecis scriptoribus illustrandi gratia allegari non sit incongruum, — ad probandum tamen in foro atque scholis frustra adduxeris, tum quia a nostris nunquam probatae seu receptae proceribus, tum... Es werden citirt Brunnemannus und Ant. Matthaeus, de auction. lib. 2, cap. 6, num. 13, ein Werk, welches ich mir nicht verschaffen konnte. Jedenfalls spricht diese Stelle deutlich genug, wenn sie auch unseres Canon nicht Erwähnung thut. Diesen selbst aber finden wir bei

J. S. Brunquellus, Historia Iuris Romani-Germanici, Ienae apud G. F. Bitterum, 1727. Dies Werk gehört zu den damals häufig werdenden geschichtlichen Darstellungen der Schicksale des R. R.s in Deutschland. Dieselben sind meist sehr weitschweifig geschrieben und zeugen dabei von großer Leichtgläubigkeit ihrer Autoren, bringen jedoch auch viel schätzbares Material. In unserm Werke wird nun — Pars III, membrum 2, cap. V, § 7, pag. 491 — gesagt: Inde etiam evenit, ut illi tantum textus iuris Iustinianei, quos Glossa illustravit, in praxi recepti fuerint regulaque inter pragmaticos invaluerit: Quem textum glossa non agnoscit, illum nec nos agnoscimus, cui, inprimis quoad Novellas, stricte adhuc hodie inhaerent. Zu bemerken ist hier zunächst, daß die alte Form ein wenig umgemodelt ist, wie dies ganz natürlich geschah, so lange sich noch keine völlig bestimmte Uebung herausgebildet hatte. Wir können aber zugleich aus dieser Stelle schließen, daß die Auffassung unseres Satzes als Regel — als solche gibt ihn übrigens schon Stryk — völlig durchgedrungen war. Es wird nicht beobachtet, daß der Mangel der Glosse ursprünglich nur ein Zeichen für die Ungültigkeit war, daß also auch einer Stelle, welche unglossirt und dennoch in usu war, wie die lex „alearum“, ihre Gültigkeit damit nicht abgesprochen wurde. Der Gebrauch macht eben unsern Satz zur regula, cui stricte adhaerent, so daß nun natürlich der tit. C. 3, 43 und — wenn man annehmen will, daß sie jemals galt — die Nov. 162 wieder zur Ungültigkeit verurtheilt werden. — Derselben Ansicht wie Brunquellus ist übrigens auch der von ihm citirte, weitbekannte

Hoffmannus, in seiner Historia Iuris Iust., pag. 328; doch ist die Stelle nicht so charakteristisch, daß es sich lohnte, sie ausführlich hierhin zu setzen. Hingegen ist nicht uninteressant eine Passage bei

J. A. Kopp, Historia Iuris, quo hodie in Germania utimur, Marburgi Cattorum 1741, Epocha VI, thesis 6, pag. 34, Anmerkung: Dictum de autoritate glossae et unde evenerit, ut illi tantum textus Iuris Iustinianei in praxi recepti fuerint, quos Glossa illustravit. Dieser Satz zeigt nämlich, wie unser Canon sich noch so wenig crystallisirt hatte, daß er sich sogar in eine abhängige Construktion umgießen ließ. Erwähnen wir endlich noch einer Stelle von

J. D. Ritterus, die deshalb von Bedeutung ist, weil sie als Anmerkung zu der weitverbreiteten Historia Iuris Civilis von Heineccius figurirt (Ausgabe apud I. G. Bauerum, Argentorati 1751; die Noten des Ritterus sind durch griechische Buchstaben gekennzeichnet). Anmerkung α zu lib. I cap. VI § 417 wird nämlich gesagt ... secundum tritum illud, quod non agnoscit glossa, non agnoscit curia. Wenn nun auch Ritterus dem so als „tritum“ angeführten Spruch nicht ganz beistimmt, so dürfte doch ziemlich vereinzelt damals dagestanden haben

Beck, de Novellis Leonis, 1731, welcher sich Mencken und Olearius anschließt; auch bei ihm herrscht das Mißverständniß, als bedeute unser Satz, die Interpretation der Glosse sei für uns bindend; doch polemisirt er zugleich gegen die andere darin steckende Behauptung. Wo er dies thut, da heißt es auch: quos textus non adprobavit glossa, eos neque recepit forum.

Wir sehen also, daß der Spruch, von 1690 ab seinen Inhalt und seine Form durch die Autorität von Lauterbach und Stryk gewinnend, in der ersten Hälfte des 18. Jahrhunderts zu einer Verbreitung gelangt, welche es gestattet, ihn „tritum" zu nennen; daß er aber auch häufig mißverstanden und von Einigen gegen ihn, auch in seinem richtigen Sinne aufgefaßt, stark angekämpft wird. Diese widerlegte nun schlagend und bildet damit den Schlußstein der ganzen auf unseren Canon bezüglichen Rechtsentwickelung.

C. F. Zepernick (Zep.) in seiner Schrift Quibus ex causis Novellae Leonis Sapientis in Germania receptae dici nequeant coniecturae. Halae, bei J. C. Hendel, 1779. Es ist dies ein Werk, dem selbst heut zu Tage ein gewisser Werth nicht abgesprochen werden kann. Manche wichtige Distinktion in unserer Frage ist zuerst von Zep. aufgestellt, manche wichtige Schlußfolgerung zuerst von ihm gezogen worden. So ist er es denn auch (siehe pag. 2), der auf die Verwirrung aufmerksam macht, welche dadurch entstanden ist, daß man den Spruch so vielfach falsch auffaßt. Der § XXII führt die Ueberschrift: Defectus glossarum. Exponitur principium, quidquid non agnoscit glossa etc. male a Cl. Beckio et Oleario intellectum esse. Und nun heißt es weiter: Duplicem sensum habet: in priori designat illas leges Iustiniani autoritate in foris destitutas esse, quas glossatorum libri non comprehendunt quasve illi glossis haud exposuerunt, quaeque, cum in Germania corpus iuris Iustinianei auctoritatem indubitatam nactum est, in collectione haud fuerunt, hinc in usum deduci non potuerunt. Et hoc significatu iam utimur. Alter est, quod legum Romanarum explicationes, interpretationes et sententias, a Glossatoribus inventas et scriptas, in foris nostris reliquis sanioribus quoque reiectis adhibeamus tantum. — Zep. entscheidet sich für den ersteren Sinn; über den weitern Kampf beider Ansichten haben wir schon in § 1 gesprochen, und da wir uns auch für die erstere Bedeutung entschieden haben, so gehen uns jetzt nur noch die Ausführungen Zep.s an, welche sich auf diesen beziehen. Hauptsächlich wird dabei Mencken widerlegt. Zep. gibt den Beweis für die Gültigkeit unserer Regel im richtigen Sinne aufgefaßt von § XXIII—XXVI, pag. 527—44. Gegen den ersten Grund Mencken's (siehe oben die Erörterungen über dessen Werke) wird angeführt: Quid ad nos Iustiniani voluntas? Das Argument, welches sich auf Julian stützt, wird dann in seiner Richtigkeit gezeigt. Zur Widerlegung der als Beweis für die Gültigkeit unglossirter Stellen vorgebrachten Urtheile, welche solche Stellen citiren, finden wir dann die auch heut zu Tage sehr zu beachtende Distinktion, es könne wohl Mencken geschehen sein, ut, ubi non glossatam excitatam deprehenderet, statim eam auctoritate in foro pollere concluderet, während sie doch auch nur obiter memorata sein könne. Es folgt dann der gewöhnliche Beweis für die Ungültigkeit jener Stellen aus der Reception; und endlich wird die Nützlichkeit oder, wie Zep. es stärker ausdrückt, sogar die Nothwendigkeit unseres Canon dargethan, indem behauptet wird, man wäre ohne denselben von jeder zufälligen Entdeckung einer neuen Gesetzesstelle abhängig und könnte dann zu keiner festen Rechtsbildung kommen: circum igitur cluserunt (veteres) legum Iustinianearum ambitum hoc canone, neque aliud, quam quod a glossa agnitum esset, legem agnoscunt.

Mit dieser Ausführung und Begründung Zep.s ist unser Satz fest fundirt und von da ab auch nicht mehr angegriffen worden. Hier noch weitere Stellen anzuführen, in welchen er später citirt würde, lohnt nicht mehr der Mühe; stehen wir doch auf der Grenze einer Zeit, deren Werke der unserigen noch ganz bekannt sind und naheliegen. Ein Blick in dieselben genügt, um sich zu überzeugen, daß von da ab der Canon ein unbedingt herrschender gewesen ist. Merkwürdig ist nur, daß, wie heut zu Tage man noch gewöhnlich seinen Ursprung in sehr alte Zeiten zurückzuversetzen geneigt ist, man auch schon ähnlicher Ansicht bald nach seiner wirklichen Entstehung gewesen zu sein scheint; und kein Umstand kann besseres Zeugniß als dieser dafür ablegen, wie sehr er der thatsächlichen Lage entsprach und eine wie rasche Verbreitung er in Deutschland gefunden hat.

Fassen wir nun, an's Ende dieser durch lange Zeit und viele Einzelheiten sich hinwindenden Untersuchung angelangt, die Resultate noch einmal kurz zusammen, so sind sie folgende:

Die unglossirten Stellen sind niemals in Deutschland recipirt worden, weder die alten noch die neuen, ohne daß man jedoch daran gedacht hätte, diese Thatsache irgendwie in einer Regel auszudrücken; eine Ausnahme bilden drei Stellen, deren Schicksal ein eigenthümliches ist. Dieser faktische Zustand wurde zuerst von Albericus Gentilis deutlich als vorhanden anerkannt, ohne daß dessen Worte eine weitere Verbreitung gefunden hätten. Im Laufe des 16. und der ersten Hälfte des 17. Jahrhunderts macht dann die Deutsche Theorie einen Versuch, die unglossirten Stellen zu recipiren, welchem gegenüber die Praxis sich passiv verhält; auf diesen Widerspruch zeigte hin und sprach so zum zweiten Male unsere Regel aus A. Duck. Die Theorie nach Mitte des 18. Jahrhunderts schließt sich nun der Praxis an, gibt die Einführung jener Stellen auf und setzt, wahrscheinlich auch unter dem Einfluß von Duck, als Regel hin die Ungültigkeit der unglossirten Gesetze; diese Regel erhält auch sofort um dieselbe Zeit den sprüchwortartigen Charakter und die Form, welche sie heute noch an sich trägt. Indem sie im Laufe des 18. Jahrhunderts immer mehr sich befestigt und zum zwingenden Rechtssatz wird, fallen ihr die wenigen bisher gültig gewesenen unglossirten Stellen zum Opfer. Einige verspätete Angriffe auf unseren Canon endlich rufen die abschließende Schrift von Zepernick hervor, nach welcher Niemand mehr versucht hat, die Autorität desselben anzuzweifeln.

So glaube ich denn dargethan zu haben, im Gegensatz zu der rein äußerlichen Begründung des Canon durch die sonst, wie wir gesehen haben, in ihren Behauptungen großentheils nicht fehlgehende gewöhnliche Meinung, daß unser Satz die Entwickelung hat, welche ein jeder Rechtssatz haben sollte: auf eine lange, konstante, wohlbegründete Praxis gestützt, von einer sich dieser anschließenden Theorie anerkannt und formulirt, ist er das Resultat einer natürlichen und stetigen Rechtsentwickelung.

Universitäts-Buchdruckerei von Carl Georgi in Bonn.

Universitäts-Buchdruckerei von Carl Georgi in Bonn.

FSC
www.fsc.org
MIX
Papier | Fördert
gute Waldnutzung
FSC® C083411

Kolibri 360 GmbH
Ferdinand-Jühlke-Straße 7
99095 Erfurt, Deutschland
produktsicherheit@kolibri360.de